雅趣小书

丛书主编 鲁小俊

虫天志

[明]沈弘正 著
甘宏伟 注译
谢晓虹 绘

长江出版传媒 崇文书局

前言

鲁小俊教授主编的十册“雅趣小书”即将由崇文书局出版，编辑约我写一篇总序。这套书中，有几本是我早先读过的，那种惬意而亲切的感觉，至今还留在记忆之中。于是欣然命笔，写下我的片段感受。

一

“雅趣小书”之所以以“雅趣”为名，在于这些书所谈论的话题，均为花鸟虫鱼、茶酒饮食、博戏美容，其宗旨是教读者如何高雅地生活。

南宋的倪思说：“松声，涧声，山禽声，夜虫声，鹤声，琴声，棋落子声，雨滴阶声，雪洒窗声，煎茶声，作茶声，皆声之至清者。”（《经钼堂杂志》卷二）

明代的陈继儒说："香令人幽，酒令人远，石令人隽，琴令人寂，茶令人爽，竹令人冷，月令人孤，棋令人闲，杖令人轻，水令人空，雪令人旷，剑令人悲，蒲团令人枯，美人令人怜，僧令人淡，花令人韵，金石鼎彝令人古。"(《幽远集》)

倪思和陈继儒所渲染的，其实是一种生活意境：在远离红尘的地方，我们宁静而闲适的心灵，沉浸在一片清澈如水的月光中，沉浸在一片恍然如梦的春云中，沉浸在禅宗所说的超因果的瞬间永恒中。

倪思和陈继儒的感悟，主要是在大自然中获得的。但在他们所罗列的自然风物之外，我们清晰地看见了"香""酒""琴""茶""棋""花""虫""鹤"的身影。这表明，古人所说的"雅趣"，是较为接近自然的一种生活情调。

读过《儒林外史》的人，想必不会忘记结尾部分的四大奇人："一个是会写字的。这人姓季，名遐年。""又一个是卖火纸筒子的。这人姓王，名太。……他自小儿最喜下围棋。""一个是开茶馆的。这人姓盖，名宽，……

后来画的画好，也就有许多做诗画的来同他往来。”“一个是做裁缝的。这人姓荆，名元，五十多岁，在三山街开着一个裁缝铺。每日替人家做了生活，余下来工夫就弹琴写字。”《儒林外史》第五十五回有这样一段情节：

一日，荆元吃过了饭，思量没事，一径踱到清凉山来。这清凉山是城西极幽静的所在。他有一个老朋友，姓于，住在山背后。那于老者也不读书，也不做生意，养了五个儿子，最长的四十多岁，小儿子也有二十多岁。老者督率着他五个儿子灌园。那园却有二三百亩大，中间空隙之地，种了许多花卉，堆着几块石头。老者就在那旁边盖了几间茅草房，手植的几树梧桐，长到三四十围大。老者看看儿子灌了园，也就到茅斋生起火来，煨好了茶，吃着，看那园中的新绿。这日，荆元步了进来，于老者迎着道：“好些时不见老哥来，生意忙的紧？”荆元道：“正是。今日才打发清楚些，特来看看老爹。”于老者道：“恰好烹了一壶现成茶，请用杯。”斟了送过来。荆元接了，坐着吃，道：“这茶，色、香、味都好，老爹却是那里取来的这样好水？”于老者道：“我们城西不比你城南，到处井泉都是吃得的。”

荆元道："古人动说桃源避世，我想起来，那里要甚么桃源？只如老爹这样清闲自在，住在这样城市山林的所在，就是现在的活神仙了！"

这样看来，四位奇人虽然生活在喧嚣嘈杂的市井中，其人生情调却是超尘脱俗的，这也就是陶渊明《饮酒》诗所说的"结庐在人境，而无车马喧"。

"雅趣"可以引我们超越扰攘的尘俗，这是《儒林外史》的一层重要意思，也可以说是中国文化的特征之一。

二

古人有所谓"玩物丧志"的说法，"雅趣"因而也会受到种种误解或质疑。元代理学家刘因就曾据此写了《辋川图记》一文，极为严厉地批评了作为书画家的王维和推重"雅趣"的社会风气。

辋川山庄是唐代诗人、画家王维的别墅，《辋川图》是王维亲自描画这座山庄的名作。安史之乱发生时，王维正任给事中，因扈从玄宗不及，为安史叛军所获，被迫接受伪职。后肃宗收复长安，念其曾写《凝碧池》诗怀念唐王朝，又有其弟王缙请削其官职为他赎罪，遂从宽处理，仅降为太子中允，之后官职又有升迁。

刘因的《辋川图记》是看了《辋川图》后作的一篇跋文。与一般画跋多着眼于艺术不同，刘因阐发的却是一种文化观念：士大夫如果耽于“雅趣”，那是不足道的人生追求；一个社会如果把长于“雅趣”的诗人画家看得比名臣更重要，这个社会就是没有希望的。

中国古代有“文人无行”的说法，即曹丕《与吴质书》所谓“观古今文人，类不护细行，鲜能以名节自立”。后世“一为文人，便不足道”的断言便建立在这一说法的基础上，刘因“一为画家，便不足道”的断言也建立在这一说法的基础上。所以，他由王维“以前身画师自居”而得出结论：“其人品已不足道。”又说：王维所自负的只是他的画技，而不知道为人处世以大节为重，他又怎么能够成为名臣呢？在“以画师自居”与“人品不足道”之间，刘因确信有某种必然联系。

刘因更进一步地对推重“雅趣”的社会风气给予了指斥。他指出：当时的唐王朝，“豪贵之所以虚左而迎，亲王之所以师友而待者”，全是能诗善画的王维等人。而“守孤城，倡大义，忠诚盖一世，遗烈振万古”的颜杲卿却与盛名无缘。风气如此，“其时事可知矣！”他斩钉截铁地告诫读者说：士大夫切不可以能画自负，也不要推重那些能画的人，坚持的时间长了，或许能转移“豪贵王公”的好尚，促进社会风气向重名节的方向转变。

刘因《辋川图记》的大意如此。是耶？非耶？或可或否，读者可以有自己的看法。而我想补充的是：我们的社会不能没有道德感，但用道德感扼杀“雅趣”却是荒谬的。刘因值得我们敬重，但我们不必每时每刻都扮演刘因。

三

“雅趣小书”还让我想起了一篇与郑板桥有关的传奇小说。

郑板桥是清代著名的“扬州八怪”之一。他是循吏，是诗人，是卓越的书画家。其性情中颇多倜傥不羁的名士气。比如，他说自己“平生谩骂无礼，然人有一才一技之长，一行一言之美，未尝不啧啧称道。囊中数千金随手散尽，爱人故也”（《淮安舟中寄舍弟墨》），就确有几分“怪”。

晚清宣鼎的传奇小说集《夜雨秋灯录》卷一《雅赚》一篇，写郑板桥的轶事（或许纯属虚构），很有风致。小说的大意是：郑板桥书画精妙，卓然大家。扬州商人，率以得板桥书画为荣。唯商人某甲，赋性俗鄙，虽出大价钱，而板桥决不为他挥毫。一天，板桥出游，见小村落间有茅屋数椽，花柳参差，四无邻居，板上一联云：“逃出刘伶裈外住，喜向苏髯腹内居。”匾额是“怪叟行窝”。这正对板桥的口味。再看庭中，笼鸟盆鱼与花卉芭蕉相掩映，室内陈列笔砚琴剑，环境优雅，洁无纤尘。这更让板桥高兴。良久，主人出，仪容潇洒，慷慨健谈，自称“怪叟”。鼓琴一曲，音调清越；醉后舞剑，顿挫屈蟠，不减公孙大娘弟子。“怪叟”的高士风度，令板桥为之倾倒。此后，板桥一再造访“怪叟”，“怪叟”则渐谈诗词而不及书画，板桥技痒难熬，自请挥毫，顷刻十余帧，一一题款。这位“怪叟”，其实就是板桥格外厌恶的那位俗商。他终于“赚”得了板桥的书画真迹。

《雅赚》写某甲骗板桥。“赚”即是“骗”，却又冠以“雅”

字，此中大有深意。《雅赚》的结尾说：“人道某甲赚本桥，余道板桥赚某甲。”说得妙极了！表面上看，某甲之设骗局，布置停当，处处搔着板桥痒处，遂使板桥上当；深一层看，板桥好雅厌俗，某甲不得不以高雅相应，气质渐变，其实是接受了板桥的生活情调。板桥不动声色地改变了某甲，故曰：“板桥赚某甲。”

在我们的生活中，其实也有类似于“板桥赚某甲”的情形。比如，一些囊中饱满的人，他们原本不喜欢读书，但后来大都有了令人羡慕的藏书：二十四史、汉译名著、国学经典，等等。每当见到这种情形，我就为天下读书人感到得意：“君子固穷”，却不必模仿有钱人的做派，倒是这些有钱人要模仿读书人的做派，还有比这更令读书人开心的事吗？

“雅趣小品”的意义也可以从这一角度加以说明：它是读书人经营高雅生活的经验之谈，也是读书人用来开化有钱人的教材。这个开化有钱人的过程，可名之为“雅赚”。

陈文新

2017.9 于武汉大学

雅趣小书

虫天志

目录

虫天志

译文

雅趣小书

卷一

卷二

卷三

虫天志

原文

雅趣小书

卷一

卷二

卷三

导读

沈弘正(1577–1627),字公路,自号非磊落氏,嘉定人。明末万历、崇祯年间秀才。为文高朗自喜,但调与时背,“三试不售,二监相侵,遂绝意制科之业,专以称诗为事”①。明天启元年,诏求隐逸之士,大臣荐举沈弘正,他傲然不屑。家有园林,词客时常满座,喜好疏财,又好聚书。与明代著名书画家董其昌交好。董其昌曾在《沈公路文集序》中称他,“家承世美,才擅幼清”,“性复悁介,深居简出,不为大人游,不悬高门簿”②。又《沈高士公路墓志铭》赞他,“铲采逃虚,遂狷介之性似静者;其结客振穷,挟湖海之气似侠者;其愤世放情,寄声色之游似达者”“沉酣竹素,雠校鲁鱼,聚可汗牛藏,无游蠹,断简必续,僻事能征,

【注释】

① 董其昌《容台文集》卷八,明崇祯三年董庭刻本。

② 董其昌《容台文集》卷一,明崇祯三年董庭刻本。

又今之博雅君子也。”著有《虫天志》《小名录》《枕中草》等。今存《虫天志》。

《虫天志》是一本辑录与鸟兽虫鱼有关的游戏伎艺、奇事异闻的书。全书共十卷，列游戏伎艺和奇事异闻共四十九种。游戏伎艺二十五种，有斗鸡、斗鹅、斗鸭、斗鹌鹑、斗鹧鸪、斗百舌、斗茬雀、斗黄头、斗画眉，斗橐驼、斗羊、斗牛、斗刺蝟、斗蟋蟀、斗蝇虎、斗蚁、斗蛛、斗鱼，以及舞鹤、舞孔雀、舞山鸡、舞马、舞象、舞猴、舞鳖等。奇事异闻二十四种，有鹦鹉能言、鸜鹆能言、秦吉了能言、时乐鸟能言、朱来鸟能言、鸡能言、龟能言，雁传书、燕传书、鸽传书、鹞传书、秦吉了传书、犬传书，鹤识字、雀识字、蠵嘴识字，以及乌凤唱乐府、虎守门、犬衔瓢、纺线娘、虾蟆说法、叩头虫、金鱼列阵、乌龟叠塔等。

每种游戏伎艺或奇事异闻又分类辑录相关文字一至数则（篇）。所分类目有“原始”“叙事”“传”“记”“说”“赋”“诗”“词”“赞”“书”“表”“疏”“敕”等。除“斗茬雀”“时乐鸟能言”“朱来鸟能言”“乌凤唱乐府”没有“原始”，“乌龟叠塔”没有“叙事”外，其他均“原始”“叙事”兼具；“赋”“诗”，多数游戏伎艺或奇事异闻均有辑录；“词”“赞”“传”“记”“说”，只有少数游戏伎艺或奇事异闻有辑录；“书”“表”“疏”“敕”辑录最少，总共只有六则。每一种鸟兽虫鱼的内容辑录完毕，又都有沈弘正以“非磊落氏”名义对所辑录内容扼要撰写的赞语。这是《虫天志》体例的大致情况。

《虫天志》辑录的内容和来源颇为繁杂。“原始”部分，也就是考察本始的部分，主要辑录和鸟兽虫鱼的名称、种属、形貌、产地、习性、驯养等有关的训释，包括地理、天文、掌故、异闻、风俗、考辨诸类文字。主要源自《尔雅》《埤雅》《述异记》《夷坚志》《古今注》《清异录》《酉阳杂俎》《山海经》等数十种书。“叙事”“传”“记”“说”等类目，主要辑录与各种游戏伎艺、奇事异闻有关的故事、风物、听闻等。有的录自诸子书，如《庄子》《列子》等；有的录自正史，如《左传》《吴越春秋》《汉书》《南史》《唐书》《新唐书》《宋史》《元史》等；有的录自野史杂传，如《西京杂记》《开元天宝遗事》等；有的录自笔记，如《幽明录》《世说新语》《因话录》《中吴纪闻》《杜阳杂编》《酉阳杂俎》《西湖志余》《亘史》《避暑录话》《梦溪笔谈》《益部方物略记》《幽怪录》等；有的录自传奇，如《纪闻》《冯燕传》《东城老父传》等；有的录自诗话，如《古今诗话》《珊瑚钩诗话》等；有的录自文人别集，如《潜溪集》《玉茗堂集》《瓶花斋集》《歇庵集》等。“赋”“诗”“词”“赞”等类目主要辑录与各类游戏伎艺或奇事异闻有关的赋、诗、词、赞等有韵之文。以“斗鸡”为例，赋有傅休弈《斗鸡赋》、浩虚舟《木鸡赋》，诗有曹植《斗鸡篇》、刘桢《斗鸡篇》、应玚《斗鸡篇》、梁简文帝《斗鸡篇》、刘孝威《斗鸡篇》、徐陵《斗鸡诗》、周弘正《咏老败斗鸡诗》、褚玠《斗鸡东郊道》、庾信《斗鸡诗》、王褒《看斗鸡诗》、杜淹《咏寒食斗鸡应秦王教诗》、杜甫《斗鸡诗》、韩愈《集斗鸡联句》、李商隐《鸡》、王建《春日五门西望诗》、黄庭坚《养斗鸡》、梅尧臣《斗鸡》、王珪《宫词》、李觏《盱江集·咏鸡》、屠隆《由拳集·斗鸡》、徐渭《绿礬彩鸡》。

显而易见，从形式上看，沈弘正辑录与各种游戏伎艺、奇事异闻有关的文字，广采博收，只要相关，均有采入。

尽管辑录内容和来源颇为繁杂，给人的感觉似乎颇为散乱，但《虫天志》至少在两个方面显出全书有其“神”在：一是有雅趣，二是有寄寓。先说有雅趣。在中国社会的传统里，“斗鸡走狗”之类的游戏被看作是浮浪帮闲之徒的嗜好，是夤缘钻营者谋求攀附的手段，有志之士对此往往嗤之以鼻。《虫天志》把许多与游戏伎艺、奇事异闻有关的文字，从各种文章中抽取出来分门别类地汇辑在一起，却在很大程度上消解或淡化了这些意味，显出一种别样的雅趣来。比如南宋末年的权臣贾似道喜好斗蟋蟀。《虫天志》就全文录入了他的《促织歌》，歌中对调理蟋蟀时从避热到保暖、从盆罐选择到水食供应、从看视禁忌到收藏医损的叙写，无不显出其对蟋蟀习性的熟谙，对蟋蟀的细心观察和精心看护之意。如果这首《促织歌》出自一位业余的或居家休闲的蟋蟀爱好者，我们该多么惊叹他怎会有如此之雅兴，羡慕他竟有如此修心养性之妙趣。《虫天志》辑录的文字中有很多类似的内容，读者可细细品之。在今天快节奏的紧张生活状态里，给自己找一点慢下来的时间，留意一下身边的鸟兽虫鱼，让自己静下来，休憩一下劳顿的身心，这应该是一件可以向往的事情。

当然，《虫天志》雅致有趣只是其一。作者辑录的这部书与斗鸡走狗、耍猴舞象等游戏伎艺相关，但又不只是教人知晓斗鸡走狗、耍猴舞象等游戏伎艺或听闻奇事异闻而辑作的。沈弘正选辑这些文字是有所寄寓的，更明确地说，他是通过辑录有寄寓的文字来传达自己的寄寓，用作者的朋友杨万里的话说就是："壮心侠骨，每托之撰述，以写其牢骚不平之气。"以卷一"斗鸡"为例。其所选"赋""诗"这些有韵之文，大体以时代为序排列，颇能反映出历代雅士文人对这些游戏伎艺、奇事异闻的关注及其寄寓。如杜甫《斗鸡诗》："斗鸡初赐锦，舞马既登床。帘下宫人出，楼前御柳长。仙游终一閟，女乐久无香。寂寞骊山道，清秋草木黄。"前四句铺写生前盛事，后四句追怀死后遗迹，显出对乐极悲来、盛衰之变的深沉感慨。"传""记"文字，如陈鸿祖的《东城老父传》，主要写贾昌因斗鸡与唐玄宗发生的种种际遇和盛衰之兆，文末却又借贾昌之口发出今不如昔的感慨，诸如将领今不如昔，风俗今不如昔，取士之法今不如昔之类。而袁宏道的《山居斗鸡记》，用大部分笔墨细致地摹写一只形体小的美鸡与一只巨鸡相持相斗，后来一小童帮助美鸡反复惩治巨鸡的情景，看来甚是有趣。出人意料的是，文章结尾以两书生与童子的对话点出本旨：把禽兽互相争斗当回事来干预的小童，比起读书做官的人帮有权有势、强暴蛮横的人家一起欺负平民百姓要强很多。总之，通读全书，我们会发现，沈弘正确实不只是要编辑一部类书，而是通过相关文字的辑录寄寓了对自身遭遇和所处时代的感愤。

《虫天志》的内容是较为丰富的，但限于本书字数和体例，在保证能较为充分地展示原书所体现出的“雅趣”和“寄寓”的前提下，我们只选注了原书中前三卷的“原始”“叙事”全部内容及“传”“记”“说”的部分内容，其他内容全部删减。为什么选注前三卷呢？《虫天志》一至三卷是关于斗鸟兽虫鱼的，四、五卷是关于猴、象等动物之“舞”的，卷六至卷十是关于奇事异闻的。所以，为了保证内容的相对完整，我们只选注了前三卷。对于原书所有的“赋”“诗”“词”“赞”和作者自己的赞语，全部作删去处理，原因在于对这些内容进行注释需要占据大量篇幅，而且这些韵文韵语也不宜翻译。至于原书前尚有的钱希言的《虫天志叙》、林有麟的《虫天志小序》及沈弘正作“凡例”，也因原文篇幅较长，一并删去，我们只保留并注释、翻译了杨万里的《虫天志序》。

《虫天志》今见有十卷本和一卷本。十卷本为明畅阁刻本，现藏中国科学院图书馆，四库全书存目丛刊据此影印。明代仁和（今属杭州）人何伟然、常州人吴从先采“明人说部，每一书为一卷，卷帙多者，则删剟其文”，辑为《广快书》五十卷，于崇祯二年序刊，是书卷三十七即为《虫天志》。这是《虫天志》的一卷本。一卷本对十卷本的内容进行了大量删减，不再分“原始”“叙事”，更无“诗”“词”“赋”等，并且也没有沈弘正所作的赞语，主要选录了十卷本“叙事”中的小部分内容，约有一百二十则。我们所依据的底本是四库全书存目丛刊影印的明畅阁刻本，校以一卷本，并以所辑录文字的相关书籍版本参校。

最后，需要说明的是，我们在进行校注、翻译时，都在尽力做得更好，但限于学识，定有不妥甚至谬误之处，祈请方家批评指正。

甘宏伟

2018.2

虫天志

译文

卷一

雅趣小书

虫天志序

以往我曾与几位兄弟结社于畅阁，每人各有自己的造诣。而其中新异独标、名理殊胜的，必是沈公路。沈公路困顿于科场，功名不遂，近来又经常生病。他的壮心侠骨，常寄托于著述，以倾吐自己的牢骚不平之气。如今编成一书，嘱托我写序，并给这部书命名为《虫天志》。

我接受了他的托付，读了这部书。书中所录上至各种古代文籍，连及稗官野史，凡是与能飞能走之物有关，只要所说不是涉及荒唐之事，言语可有助于风雅的，无不汇集辑录；并且分出原始、叙事，又汇辑诗赋来夸耀，以委婉的言辞来概括要旨。内容丰富又淳美，卓异而且不同寻常。真是天地之间的一种奇书！因而《尔雅》《博物志》也就不得独享美名了。

我还有要说的。远古浑朴的时代，人是自然淳朴的。后来下降为以道术互相争胜，使用心计互相夸耀、互相欺骗，使用巧力互相侵凌、互相争斗。天能诱导人，人是不能违逆天的。只有超脱世俗的人，才不会因为人物之分、利害之别而心神有所扰乱，通达往来，身处在自然而均衡的境界里，所以说，他们既精于顺应自然，又善于周旋人世。沈公路这部书，必须静下心来读，然后才可以领悟他的意图或是有所寄寓。即使是这样，出世与入世总是一个灵关。诸如烹鲜、解牛之说，至今讲道理的人仍像对待极其珍贵的东西那样尊奉它，其实也只不过是河上公、漆园吏讥讽他们的时代罢了。当今圣明的君王在上，搜求人才的罗网全部张开，连那些隐逸之士都请了出来，但是人生遭遇与时势，自有王与诸侯、竹简与白绢那样的差别存在。公路莫非要出一身透汗，突然病愈，奋起做事么？那么我的这些话就姑且充当《七发》了。

友弟杨万里题

斗鸡

○原始

《尔雅》说：鸡，大的叫蜀；蜀的幼雏叫雓；没有长成的鸡叫僆；极有力的鸡叫奋。《疏》：这是区分鸡的类别。按，《春秋说题辞》说：鸡是聚集阳气的，属南方之象；太阳为精物，属火，所以太阳出，公鸡就叫，这是同类互相感应。鸡，是知晓时间的禽类，其中大的称作蜀。郭璞说：如今的蜀鸡，蜀的幼雏称作雓，幼雏稍微长大但还没有长成鸡的称作僆。郭璞说：江东称鸡的幼雏为僆，体形壮大极其有力的为奋。郭璞还说：各种动物中有很多气力多的，都是体形健壮，自己想要奋力迅飞快跑，所以都用“奋”来称呼它们。

又说：三尺大的鸡称为鹍。注：阳沟巨鹍，是古时的名鸡。江遹说：鸡属木畜，木与木互相摩擦就会燃烧，所以鸡是擅长争斗的禽类。

《清异录》说：郝轮陈别墅畜养鸡数百只。丁权伯劝谕他说，畜养一只鸡每天可吃掉无数小虫。

《琐碎录》说：雏鸡都是雄的，必会有喜事。

宋诩《树畜部》说：鸡害怕柳树劈成的木柴，因为它燃烧冒出的烟会伤害鸡的眼睛。如果鸡的眼睛有疾病，用清油注入眼中，能治愈。感染了瘟疫的鸡，磨铁制浆染米给鸡吃，能治愈；鸡患水眼，用白矾去除它，能治愈。

○叙事

《列子》记：纪渻子为周宣王驯养斗鸡。过了十天，周宣王问："鸡驯好了么？"纪渻子说："不行，正盲目自傲而仗恃意气。"过了十天周宣王又问，纪渻子说："不行，还是看见影子就跳，听见声响就叫。"过了十天又问，纪渻子说："不行，还是转视迅速，气势旺盛。"过了十天又问，纪渻子说："差不多了，即使有别的鸡叫，它也已经没有什么变化了。远处看去，像木鸡一样了，它的德行已经完备了,别的鸡没有敢应战的,看见它转身就跑。"

庄子对惠子说：羊沟中训练的鸡，三年就能成为鸡中的魁首。会相术的人看到它，就知道不是善良的鸡，然而它时常战胜别的鸡，是因为人用狸膏涂抹了它的头。注：羊沟就是斗鸡的场所；株就是斗鸡的魁首；鸡畏惧狸膏。

《左传》里说：季平子、郈昭伯斗鸡，季氏给他的鸡撒上了介，郈氏给他的鸡装上金距。杜预注说：介就是"芥"，把芥菜的种子捣成末撒在鸡的羽毛上，也有人说是把胶沙撒在鸡的羽毛上。贾逵《疏》里说：把芥子捣成末，撒在鸡翅膀上，可以让郈氏的鸡眼睛睁不开。郑众《疏》曰：介，就是铠甲，是给鸡穿上铠甲。高诱注《吕氏春秋》说：铠甲戴在鸡头上，或说用胶沙撒在鸡的羽毛上，也不可理解。大概是用胶涂在鸡爪上，然后用沙掺在上面，使鸡爪粗涩，能弄伤对方的鸡。如果从郈氏给自己的鸡装上金距来看，那么穿戴铠甲是对的。

《水经注》说：汶水自桃乡分为四条，正当四水分流的地方，称为四汶口。左边分出两条，并行流向西南，到无盐县的郈乡城南，这里是鲁叔孙昭伯的封邑，祸事起于斗鸡。

《吴时外国传》说：扶南王范寻用铁做斗鸡的假距，与诸将比赛争胜。

《西京杂记》说：太上皇迁居长安，居住在深宫里，心情悲伤，很不高兴，高祖私下让身边的人问是什么缘故。原来太上皇平生所喜好的都是屠者贩夫、年轻身壮的这些人，以及买酒卖饼、斗鸡蹴踘这些事，借这些寻求欢乐，如今这些都没有，所以不高兴。高祖于是仿造了新丰邑，把众多过去的故人迁过来住进去，太上皇心情才愉快。

又说：鲁恭王喜好斗鸡、斗鸭以及斗鹅、斗雁，养有孔雀、䴔䴖，俸谷一年耗费二千石。

《汉书·东方朔传》记：董偃与母亲以卖珠为业，出入窦太主家，太主身边的人告诉窦太主说董偃容貌美丽，于是留他在府第里，叫他董君。他曾经跟随皇上在北宫游乐嬉戏，在平乐观奔驰追逐，或者观看斗鸡、蹋球或者赛狗赛马。

《汉书·宣帝纪》记：武帝曾孙刘询就依靠广汉兄弟及祖母家史氏，向东海人澓中翁学习《诗》，他高材好学，但是所喜好的是游侠、斗鸡、走狗。

《汉书·外戚传》记：王奉光少年时爱好斗鸡。宣帝在民间数次与奉光见面，因而相识。奉光有个女儿十余岁了，每当要嫁人时，所要嫁的人就死去，所以很久没能出嫁。等到宣帝即位，召入后宫，渐渐进封为婕妤，封她的父亲奉光为邛成侯。

《邺都故事》记：魏明帝太和年间，建造斗鸡台，赵王石虎也曾用芥羽漆砂的方式在这里斗鸡。

刘昫《唐书·王勃传》记：王勃做沛府的修撰时，沛王非常爱惜看重他。诸王斗鸡，互相有胜有负，王勃戏作《檄英王鸡文》。高宗看到后，怒道："根据这个来看，这是互相构陷的开端。"当日就斥责王勃，不再让他进入王府。

又《睿宗诸子传》记：玄宗在兴庆宫西南建楼，西面题作"花萼相辉之楼"，南面题作"勤政务本之楼"。玄宗时常登楼，闻听诸王音乐之声，全都召来，登楼同榻设宴戏谑，或是顺便幸临他们的府第，赏赐金帛，增添他们的欢畅。诸王每天在侧门朝见玄宗，回到宅第之后，就奏乐纵饮，击毬斗鸡，或者在近郊追猎禽兽，或者在别墅追随游赏，岁岁月月从无间断。游历的地方，宫中派出的使者接连不断。都以为天子与兄弟互相友爱，近古以来没有谁比得过。

《唐书·五行志》记：玄宗喜好斗鸡，贵臣、外戚也都崇尚斗鸡，贫穷的人就斗木鸡。有见识的人认为，鸡，地支属酉，是帝生的属相；斗，是兵的迹象。亲近鸡，是祸事。

《因话录》记：文宗将在南郊祭天。祭祀开始前，本司引荐相扑人。皇上说：“我正在清斋，怎么适合观看这样的事？”侍臣说：“旧例都有，已经在门外恭候。”皇上说：“这应该是要赏物，可让他们在门外扑了，就给赏物，让他们离去。”皇上又曾经观看斗鸡，有优人赞叹：“非常好的鸡！”皇上说：“鸡既然好，就赐给你们。”

《冯燕传》记：冯燕，年少时为人豪爽，好凭意气行事，爱击球、斗鸡之戏。魏地街市中有为争夺财物殴斗的，冯燕闻听这事，就前去抱打不平，杀了人，便逃到滑地，更与滑地军中少年因为一起玩斗鸡、击毬，互相投合。

◎传

陈鸿祖《东城老父传》说：老父，姓贾名昌，长安宣阳里人。生于开元元年即癸丑年。到元和庚寅年，已经九十八岁了。视力和听力都没衰退，言谈非常安详从容，而且思维记忆力没有减退，说起太平公主时的事还非常清晰。他的父亲贾忠，身高九尺，力气大到能把牛拽得向后倒退，以材官的身份做了中宫幕士。景龙四年，贾忠持着撑帐幕用的长竿跟随玄宗进入大明宫，诛杀了韦氏，拥立睿宗朝见群臣后，于是成为景云年间的功臣，身佩长刀充任皇帝侍卫。皇帝下诏让他把家迁至东云龙门。贾昌长到七岁时，敏捷过人，能顺着柱子爬上房梁，还擅长应对，能听懂鸟语。

玄宗还在藩邸时，喜欢民间清明节斗鸡的游戏。等到即位后，就在两宫之间修建了鸡坊。挑选长安的公鸡，挑出长着金黄色长而尖的羽毛，有铁一般的爪子，鸡冠高大尾巴昂起的千余只鸡，养在鸡坊里。又从六军中挑选少年五百人，让他们驯养教练这些鸡。皇帝喜欢这种游戏，民间更加盛行。诸王世家、外戚家、贵主家、侯家，都倾尽钱财、用尽全部财产买鸡，或偿还买鸡的钱。京城中的男女老少，也都把摆弄鸡作为营生，贫穷人家就玩弄假鸡。

一次，皇帝出游，看见贾昌在云龙门外道边玩弄木鸡，就把他召入宫中，做鸡坊的驯鸡少年，俸禄超过禁军士兵。身高三尺的童子，进入鸡群，就像驯服一群小孩，健壮的、瘦弱的、勇敢的、怯懦的，喝水饮食的时间，疾病的症状，都能知道。他拿起两只鸡，鸡都很畏怯而驯服，使唤它们就像使唤人。监护鸡坊的奴仆王承恩把情况禀告给了玄宗。玄宗把贾昌召来在宫殿阶前平地上当面验试，都合玄宗的心意，当日就命他担任五百驯鸡少年的首领。加上贾昌忠厚谨慎，做事细密，天子非常宠幸他，金帛之类的赏赐，每天都送到他家里。

开元十三年，用笼子装了三百只鸡，随从玄宗到泰山去封禅。贾昌的父亲贾忠死在泰山脚下，得到儿子的礼敬，遗体护送回雍州安葬。朝廷为他置办了葬器、丧车，乘坐驿车走洛阳道。

十四年三月，贾昌穿着斗鸡的衣服，在温泉与玄宗相见。当时天下把他称为“神鸡童”。当时人们为他编的歌谣说：“生儿不用识文字，斗鸡走马胜读书。贾家小儿年十三，富贵荣华代不如。能令金距期胜负，白罗绣衫随软舆。父死长安千里外，差夫持道挽丧车。”

昭成皇后在相王府时，八月五日生下玄宗。中兴之后，就把这天定为千秋节，赏赐天下百姓牛和酒，娱乐三天，并把这称作“酺”，以后成为习惯。在宫中举行大规模的音乐合奏，有时还到洛阳欢聚饮酒。元会日和清明节，大都在骊山。每到这些日子，各种娱乐活动同时举行，六宫全都跟随着。贾昌头戴雕翠金花帽子，套着锦袖绣花衣裤，手执乐器在前引导。群鸡依次排列站立在广场上，贾昌顾盼有神，指挥雷厉风行。公鸡竖毛振翅，磨嘴蹭爪，抑住怒气等待争胜，进退都有法度；随着鞭子的指挥时而低头时而昂首，不偏离贾昌的规矩。胜负决出后，胜者在前，弱者在后，像大雁的行列一样，跟随贾昌回到鸡坊。相扑魁首、耍剑的、爬竿的、踢球的、走绳索的、在竿顶表演的，都垂头丧气，神情沮丧，退避不敢上场。

难道他是教练猕猴、驯养飞龙的人吗？

二十三年，玄宗为贾昌娶了梨园弟子潘大同的女儿，新郎衣服佩着美玉，新娘短袄绣着花纹，都来自皇帝的府库。贾昌的儿子分别是至信、至德。

天宝年间，贾昌的妻子潘氏凭着能歌善舞深受杨贵妃的宠爱。贾昌夫妇得宠四十年，皇恩始终不变，难道不是因为他们技艺高超而又谨慎行事吗？

皇上生在乙酉鸡辰，让人穿朝服斗鸡，祸乱的兆头在太平时就显露出来了。但皇上却没有醒悟。

十四年，安禄山、史思明攻陷洛阳，潼关失守，皇帝临幸成都。贾昌边跑边护卫着皇帝的车驾，夜晚从便门出来，马摔倒在道边坑里，贾昌伤了脚，不能前行，躲藏在南山中。每到献斗鸡的日子，就面向西南放声痛哭。安禄山当年到京城朝见皇帝时，在横门外认识了贾昌。等攻下东西二京后，就在长安、洛阳集市上悬赏千金征求贾昌的下落。贾昌改名换姓，寄身在佛寺；扫地敲钟，效力于佛。等到太上皇回到兴庆宫，肃宗已在别殿受天命登上皇

位，贾昌也回到故里。他的家已被乱兵抢掠一空。贾昌穿着粗布衣服，面容憔悴，不能再进入宫中了。第二天，他又出长安南门，在招国里的路上遇到妻子和儿子，他们满面菜色，又黑又瘦。儿子背着柴禾，妻子穿着破袄。贾昌和他们抱头痛哭，与他们在道路上诀别，然后远去。隐居在长安佛寺，随大师学习佛教教义。

大历元年，贾昌随资圣寺大德高僧运平住在东市海池，建造了刻有陀罗尼经咒的石幢。他已能写自己的姓名、读佛经，也能明了书中深刻的含义和精妙的道理，并以善心感化市井俗人。他还建造僧房佛舍，种上美丽的花草和上好的树木。白天用土培根，提水浇竹；晚上在禅室中打坐。

建中三年，运平和尚仙逝。贾昌服丧礼后，就在长安东门外镇国寺东边建了一座舍利塔，亲手栽了松柏百棵。又在塔下建了小房子，住在里面，早晚烧香洒水扫地，侍奉师父如同生前一般。

顺宗在东宫做太子时，施舍三十万钱，替贾昌建造了大师影堂及斋舍。又在周围建了屋子，让流离失所的人居住，收取租费。贾昌每天吃一碗粥，喝一升浆水，睡草席，穿棉衣。超出这些的，都用来供佛。贾昌的妻子潘氏后来也不知到何处去了。

贞元年间，长子至信在并州当兵，随大司徒马燧进京朝见皇上，到长寿里探望贾昌。贾昌待他像自己没生孩子似的，谢绝了他让他离去。次子至德回来，在洛阳集市上贩卖丝织品，来往于洛阳、长安之间，每年都给贾昌送上钱物，也都谢绝了。于是两个儿子都走了，再没有来过。

元和年间，颍川人陈鸿祖带一个朋友从春明门出长安，看见竹柏茂密，焚香的烟味在路上都能闻到，二人下马到塔下拜见贾昌。二人听贾昌说话，不知不觉天色已晚。贾昌便让鸿祖二人留宿斋舍，叙说自己的出仕和退隐经历，都有条有理，还涉及到朝廷的制度。陈鸿祖就问开元年间治与乱的情况，贾昌说："我这个老人年少时，以斗鸡求媚皇上，皇上把我当倡优畜养着，家住在外宫，哪能得知朝廷的事情？然而还有能跟您谈的事情。我这个老人看见黄门侍郎杜暹出朝任碛西节度使，并代理御史大夫，开始凭借朝廷的风纪法度来威慑远方；看见了哥舒翰镇守凉州时，攻下石堡，保卫青海城，从白龙城出发，越过葱岭，使铁门关成为边界，总管河左道，经过七次任命才代理御史大夫。看见了张说统辖幽州时，每年入关，总是用长辕拉着大车，运送河间、蓟州百姓交纳的丝绸和布匹，车辆连续不断聚集在城门口。运进王府的只不过是江淮的丝织品、巴蜀的锦绣、供后宫嫔妃玩赏的奇珍异宝罢了。河州敦煌道每年都开荒种地，充实戍边的粮食，多余的小米转运到灵州，再由黄河东运，存入太原的粮库，以备关中的荒年使用。关中的谷米和麦子，都储藏在百姓家里。皇帝临幸五岳，随从的官员车队庞大，都不吃百姓的东西。我这个老人那时每年都按时节或伏祭腊祭时回家休息，走在都市之间，常看见有卖白衫白叠布的；走到集市之中，有人祈祷消除疾病，方法是用黑布一匹，如果出重价还买不到，就用包头的软巾代替。近来，我这个老人拄杖出门，来到通衢大道上，东西南北全看一遍，见穿白衫的不到百人。难道天下的人都打仗去了吗？开元十二年，皇帝下诏：中书省、门下省、尚书省的侍郎有缺额时，先选用曾任过刺史的；郎官有缺额时，先选用曾任过县令的。到我这个老人四十岁时，三省的郎官，都有掌理刑狱的才能和声望，官大的到州郡做刺史，官小的做县令。从我这个老人住在大道旁边以来，往往有州郡太守在这里歇脚，都心情悲伤，不乐意朝廷拣选自已去治理州郡。开元年间选取士子，只看孝顺父母、尊敬兄长和治理百姓的才能罢了，没听说用‘进士’‘宏词’‘拔萃’就可以得到人才的。大概就这些。”

他泪流满面，又接着说：“太上皇在位时，北面使游牧之族臣服，东面使鸡林国称臣，南面使滇池国称臣，西面使昆夷之族称臣，三年来朝见一次。朝见时，礼制仪容很讲究，君王的恩惠也很优厚，给他们穿上华丽的衣服，让他们吃饱喝足，让他们办完事回去，京都不留外国的宾客长住。如今胡人和京都的人混居在一起，娶妻生子。长安的少年都有胡人的性情了。您看看首饰靴鞋服装的样式，已经和先前不同了。这能不算怪异的事么？”鸿祖默然无语，不敢应声就离开了。

○记

袁宏道《山居斗鸡记》说：我先前在山里居住，南边的邻居有个姓金的，他隐没在属官当中，喜欢畜养美鸡。还有个姓蒋的，隐没在商人当中，他从燕地回来，得到一只巨鸡。燕地的鸡品种本来就大，而这只大得更是特别。腿足有一尺多高，羽毛粗壮，嘴巴坚利，行动从容，有野鹳的情状，姿态优美，惹人喜爱。群鸡看见它，总是躲开。唯独隐没在属官家中的这一只鸡，漫步、饮水、啄食如同平常，它有洁白的羽毛，金黄的鸡冠，非常美丽，更加惹人喜爱。然而它的形体与巨鸡相比，大约只有巨鸡的五分之一。巨鸡遇到它，欺负它小，毫无顾忌地啄它。美鸡体型虽然小，气势上却不肯甘拜下风，便跳起来和巨鸡打斗。巨鸡张开翅膀，做出雄视的姿态，随时就要攻击；美鸡只有凝神提防，不敢轻率进攻。于是两只鸡各自表现自己的威武勇猛，一会儿前一会儿后，相持不下，常常耗时超过一刻钟。巨鸡有时逞雄一下，美鸡自料不能抵挡，就趁着来势，从巨鸡胯下躲过去，非常灵巧地躲避巨鸡的攻击。巨鸡一时不知美鸡存身何处，美鸡就从巨鸡尾巴后面腾身跳起，趁它不注意，也得到机会对巨鸡攻击一次。巨鸡刚一受伤害，便怒气冲冲张开翅膀扑过来，美鸡恰巧来不及躲避，便备受荼毒。

我从开始观看两鸡相斗到现在，大都是看见美鸡偶尔能斗赢一次，就会非常欢喜，然后眼巴巴盼着美鸡或许能再赢一次，却终不能得机会，而我也始终没想到参与进去为它们的打斗安排些什么，看来美鸡要承受不住了。

我正在烦恼的时候，有个小孩从东边来了，他停下脚步目不转睛地看着。没多久就打抱不平，竟然用手捉住巨鸡，让美鸡肆意啄它数次，又用力打了巨鸡几巴掌。巨鸡见情势不利就逃跑了，美鸡乘势跟在它后面追赶，一直追到巨鸡的家。很快，巨鸡又返回来追美鸡追到打斗的地方，小孩依然像刚才一样又重复了一遍，就像这样进行了四次。这时，恰好两个书生路过，看见小孩反复不倦地有意这样做，就笑着说："我没有见过有人竟然把禽兽互相争斗当回事的。"小孩说："比起读书做官的人帮有权有势、强暴蛮横的人家一起欺负平民百姓，我这不是胜过很多么？”两个书生羞愧而去。

我病了很久，不曾离开家附近，世间锄强扶弱的豪杰行为、快意举动，全不得见到。所以见到这个事情就觉得新奇，逢人便说。说了人家笑，我也笑；人家不笑，我也笑。边说边笑，边笑边跳，竟然拿这个事了结了一天的日子。

○说

罗隐《说天鸡》说：有个养猕猴的人的儿子没有得到父亲的技艺，但熟悉了鸡的习性。他养的鸡鸡冠和鸡爪都不突出，羽毛也不鲜艳，呆呆地好像连吃喝的心思都没有。等到见了敌人，就是其他鸡前称雄的了；早晨报晓，就是比其他鸡领先的了，所以称它为天鸡。

这个养猕猴的人的儿子死后，他的儿子继承了他的技艺。他的儿子却反其道而行，不是羽毛色彩艳丽，嘴和爪锐利的鸡，就不给它们歇宿的地方。他养的鸡没有再像先前他父亲养的鸡那样报晓比其他鸡早、遇见敌人勇猛无敌的了，只不过是鸡冠高耸、大步走路、能吃能喝罢了。唉！选拔之道竟然败坏成这个样子了！

虫天志

译文

卷二

雅趣小书

斗鹅

○原始

《尔雅》说：舒雁就是鹅。注：《礼记》说，出行如同舒雁那样威仪自然而有行列。如今江东呼作鴚。

《禽经》说：鹅喜向月。注：六月生卵,则向月吸取元气,帮助生卵。

《禽兽录》说：鹅的性情顽强又傲慢，越逼近它，它就越是向前；越向下压它，它就越是昂头。

《格物总论》说：鹅有灰、白两种颜色，它有绿色的眼睛，黄色的嘴巴，红色的脚掌，擅长争斗，好吃蛇，多毒虫的地方，可养鹅以驱除它。有人又说，鹅不吃活虫。今《本草》说：小鹅也吃蚯蚓之类的虫子。由此可以知道它吃活虫。

《物类相感志》说：喜日鹅，汉武帝在御池苑中得到了它。这种鹅到日出时就自己衔着翅膀起舞，又有一个名字叫舞鹅。

○叙事

《世说新语》说：南郡公桓玄还是小孩时，和从兄弟们各自养鹅一起斗。桓玄的鹅经常斗不过，就非常恼恨从兄弟们的鹅。于是就在夜间去鹅栏里，把兄弟们的鹅全抓出来杀掉了。天亮以后，家人都为这事感到惊慌害怕，说这是妖物作怪，禀报给了车骑将军桓冲。桓冲说："没有什么会引来妖物作怪，应该是桓玄开玩笑罢了!"问起来，果然如此。

《唐书·田令孜传》记：僖宗即位，提升田令孜为左神策军中尉。此时，西门匡范位居右中尉，世人号称东军、西军。皇帝年幼无知，喜欢斗鹅、走马，多次幸临六王宅、兴庆池与诸王斗鹅，一只鹅达五十万钱。

斗鸭

○原始

《禽经》说：水鹜在水泽里是成群相处的，驯养就互相驱逐了。注：鹜就是野鸭，在大泽中飞翔栖息，成群相处；经过驯养，就厌恶它的同类而互相驱逐。

又说：鸭发怒就斜着眼看对方。

王楙《野客丛谈》说：世人说玩笑话戏谑姓奚的，说鸭姓奚，因为呼“奚”鸭必会前来。于是看应劭《风俗通》，说鸡本是朱氏翁所变化的，因此呼“朱”必来，不觉发笑。又见施肩吾诗说：“遗却白鸡呼喌喌。”喌音“祝”，莫非是“朱”与“祝”声相近么？这话古代就已经有了。如如呼犬为“卢”，《战国策》有韩卢，《齐诗》有卢令，那么“卢”声也很久远了。

○叙事

《吴志·孙权传》注引《江表传》记：魏文帝派遣使臣到吴国要求进贡雀头香、大贝、明珠、象牙、犀角、玳瑁、孔雀、翡翠、斗鸭、长鸣鸡。群臣奏道："荆、扬二州向朝廷进贡有固定的制度，魏王所要求的珍玩宝物不合礼制，不应该给他。"孙权说："昔日惠施尊奉齐国为王，有客责难他说：'您的学说是主张消除尊卑的，如今却尊奉齐国为王，为什么言行如此相反啊？'惠子说：'假如在这里有个人，被迫要击打自己爱子的头，但是可以用石头来代替，爱子的头是重要的，而石头是不重要的，用不重要的东西代替重要的东西以避免受伤害，为什么不可以这样做呢？'我们在西北正有战事，江南的百姓都依赖我们保全性命，不是我的爱子么？魏王所要求的东西，对我来说如同瓦片石块罢了，我有什么吝惜的呢？况且他仍在守丧期间，却要求进贡这么多宝物，还怎么能和他谈礼制呢！"于是，全都准备好给了他。

《吴志·陆逊传》记：建昌侯孙虑在堂前建造斗鸭栏，很是施展了小聪明，陆逊神色严肃地说："君侯应该勤奋阅读经典，以使自己有新的长进，在这上面用功夫是为什么？”孙虑马上毁掉了装好的鸭栏。”

《岳阳风土记》记：鸭栏矶是建昌侯孙虑斗鸭的场所，陆逊曾劝谏制止他，与白螺山相望。

《南史·王僧达传》记：僧达少年时好学，擅长写文章，为太子舍人。因为生病，在扬列桥观看斗鸭，被有关官员举发，得到赦免没有追究。

《新唐书·齐王祐传》说：齐王李祐喜爱驯养斗鸭，当他还没有谋反时，有狸猫咬死鸭四十余只，咬断了鸭头离去。等到李祐兵败时，受牵连被诛死的共有四十余人。

《中吴纪闻》说：陆鲁望养有斗鸭，极其驯服。有一天，驿使路过他家，拿弹弓打死了其中擅长鸣叫的鸭。鲁望说：“这只鸭会说人话，正准备献上去，使者为什么打死它？”使者就把自己随身带的钱财全部拿出来赔偿他。然后慢慢地问鸭说人话的情形，鲁望说：“能自己叫它的名字罢了。”使者又好气又好笑，拂袖上马准备离去。鲁望又把使者叫回来，归还了他的钱财。

斗鹌鹑

○原始

《尔雅》说：鹌鹑，雄的叫鹊，雌的叫庳。《注》：鹑鹌属，庳音脾。《疏》：就是上面所说的鸳鸨母，是田鼠变化的。

又说：鹑的幼雏叫鸡，鸳的幼雏叫鸰。注：这是区别鹌鹑幼雏的名。

《素问》说：鸳就是鹑。鹦、鹑、鸳，三种名字实为一种鸟。刚出生时叫罗鹑，初秋时节名叫蚤秋，中秋以后名叫白唐。夏天出来，秋天隐避，飞的时候依附在草丛中，属火类。没有固定的居处，有固定的伴侣，习性醇厚，不飞越杂草，怕碰着它的嗉子。如果遇上杂草就回旋飞行转向避开，也是因为习性醇厚的缘故。

《禽经》说：鸳鹑，生在田野间的则善良有情谊，饲养起来就互相搏斗。《注》：《月令》说，田鼠变化成为鴽。关东叫它鹑，蜀陇叫它循。在田野得到食物，鸣叫着互相呼喊，夜间合成群一起飞，白天就伏在草丛中。驯养久了，看见食物就互相搏斗。

《嫩真子》说：南方朱鸟七宿，未时为鹑首，午时为鹑火，巳时为鹑尾。天道向左旋，二十八宿向右转，而朱鸟七宿的首部在西面，故首先说未，其次说午，最后说巳。然而南方七宿当中，其实是四宿构成朱鸟的形象。《汉·天文志》有记载：柳为鸟的咮，星为鸟的颈，张为鸟的嗉，翼为鸟的翼。有人问："朱鸟惟独用鹑取名，为什么呢？"我回答："朱鸟四宿的形象，到翼宿就没有了，因而不说尾，有点象鹌鹑，所以用鹑来给它取名。然而称它鹑尾的缘故，我曾问过元城先生，先生说：'大概是把翼当作尾说的缘故。《甘氏星经》说：很多鸟相斗时，都竖起它们的尾；但鹌鹑斗时，则竖起它们的翼。由此可以知道为什么把翼当作尾说。'"

《清异录》说：鹌鹑的习性是，听到同类的声音就前往。熟悉了它们的习性，一定要找到鹌鹑中擅长鸣叫的引诱它们来，就没有捉不到的鹌鹑。我自己称用来引诱的鹌鹑为"长生网"。

《太和正音谱》说：曲名相同而音律不相同的，如"【中吕】斗鹌鹑"和"【越调】斗鹌鹑"。

《东轩笔录》说：王荆公督察刑役，驳回了开封府所断的争鹌鹑案，可是韩魏公认为开封府断得公正合理。

○叙事

《尔雅翼》说：鹌鹑习性虽然淳厚，然而特别好斗。如今有人用平底锦囊把它养在怀袖中，高兴地观看他们相斗。大抵不过是食粟的斗食穄的，格外耿介的一斗罢了。万物当中没有像鹌鹑这样形体小而又健壮的。

斗鹧鸪

○原始

崔豹《古今注》说：鹧鸪出在南方，鸣叫时经常自己叫自己，经常向着太阳飞，怕霜露，早晚很少出来，有时夜晚飞翔，就用树叶覆盖在自己背上。

《桂海虞衡志》说：鹧鸪，体形像竹鸡那么大而没那么长，头像鹌鹑，身上的花纹也像鹌鹑，只有胸前的白点是正圆形的，像珠子。

《清赏录》说：鹧鸪，又叫内史，也叫花豸。

宋永亨《异闻录》说：鹧鸪习性爱洁净，猎人在繁茂的树林间扫出一片干净的地，略微放些谷子在上面，禽鸟来来往往行走，一边走一边啄食，此时就用檽竿捕获它。

○叙事

《梦溪笔谭》说：庄子说："养虎的人不给老虎完整的食物、活的食物吃。"这是实在的话。曾经有人擅长调教山鹧，让它和别的山鹧斗，没有能敌得过它的。有人得知了他的方法，原来是每到进食时就用山鹧皮里的肉喂它，时间久了，这只山鹧望见其他的山鹧，就想搏杀然后将其吃掉。这是驯养的方法改变了它的习性。

斗百合

○原始

《月令注》说：百舌鸟不断变换声音，胜过百鸟的鸣叫声。

《朝野佥载》说：百舌春天宛转鸣叫，夏天就停止，只吃蚯蚓，正月过后冰融化，随着蚯蚓出洞，百舌回来；十月以后蚯蚓藏身，百舌也离去，是因为万物互相感应的缘故。

○叙事

宋祁《益部方物略记》说：百舌鸟生在中蜀山谷之间，羽毛色彩苍翠碧绿，蜀人多畜养它。又叫翠碧鸟。擅长模仿其他禽鸟的声音，可达数十种，不是东方所说的反舌鸟没有声音。往往也爱斗，哪怕斗到死也难分难解，然而捕百舌鸟的极为罕见，是因为爱惜它们，不想让它们互相搏杀致死。

斗茬雀

○叙事

宋祁《益部方物略记·茬雀》说：每年白苏快熟的时候，茬雀就成群地飞来吃白苏的果实，习性好斗。人们捉住它，聚赌钱财用它决定胜负，里巷中人声嘈杂，齐聚围观，一只茬雀的价值竟至数千钱。官府厌恶百姓会聚，常常下令禁叱这种活动。

斗黄头

○原始

《嘉定志》说：黄头擅长争斗。

○叙事

李昌龄《乐善录》说：张道甫喜好养鵪鶉及青师姑，因为斗而不能取胜，大怒，就折断了它们的脚。又有个叫孙师韩的也喜好养弄鵪鶉及青师姑，斗而不能取胜，也是像张道甫那样，大怒，折断了它们的脚。

又说：养弄鵪鶉及青师姑的人，如果累积他们生平所杀的数量，已经难以计算，何况捕杀与贩买鵪鶉及青师姑的人，他们所杀的还能计得清数么？

斗画眉

○原始

李梦阳《贡禽赋》说：让人惊骇啊，画眉、秦吉了、山鹕、五色鹦鹉、番鸡、孔雀、绿鸠、火鸠、白鹇、红鹈。

陶望龄《歇庵集》说：路过日铸岭，很少见别的鸟，只听见画眉叫罢了。山人说，这种鸟各自占一个山头，它们的伴侣经过时，必定苦斗，从来没有同住一起的。我对它们形貌妩媚而又心志坚贞感到惊异。

周晖《金陵琐事》说：画眉鸟，一位友人称它为京兆鸟，是取自张敞的故事。

○叙事

《夷坚志》说：黟县人黄祝绍，先前做鄱阳主簿。庆元二年四月，有小偷进入他家，收拾衣服裤子，分装了两口袋，正要离去。黄氏养有画眉一只，这只鸟颇为驯顺，机敏懂人话。这夜一家人熟睡，这只画眉忽然在雕笼中又跳又踢，鸣呼不停。听见的人以为鸟遭到猫的搏击啃咬，就起来看。盗贼望见，又惊慌又害怕，急忙跑出去，落下一只口袋。黄祝绍也醒了，派遣仆人跟踪追寻，可已经追不上了。

虫天志

译文

卷三

雅趣小书

斗橐驼

○原始

《尔雅翼》说：驼背上有两个驼峰，形状像马鞍，脚有三节，身体为苍褐色。凡是要用脊背载东西时，总是先弯下腿接受。所载的东西没到最大限度，终究不站起来。

《明皇杂录》说：交趾国进献龙脑香，波斯国叫老龙脑，杨贵妃私下交给明驼使携带三枚送给安禄山。

又说：天宝年间，天下太平时间久了，从开远门到蕃界一万二千里之间，居民满山遍野，桑麻多得密密丛丛。哥舒翰镇守青海，路途遥远，派遣的使者常常乘白骆驼奏报事情，每日奔驰五百里。

《冀越集》说：驼在沙漠中跋涉，即使历经一年多，也能记住所走过的路途。大元后宫有丧事时，将人埋葬在沙漠里，不堆坟不种树，并用万马踏平周围的土地。等春草长出，即使守卫坟地的人也没有谁知道原先埋葬的地点。这时照例杀一头驼驹放入墓地，驼母呼喊惨叫不止。下一年墓祭时，乘驼母前往，驼母能径直到达埋葬的地点。同时埋葬的地方地高水少，驼一边用前脚踢上面的沙，一边高声惨叫，挖下去就有泉水出来。兽的禀性是各有自己的本领。

陈继儒《书蕉》说：《木兰词》“愿借明驼千里足，送儿还故乡”，有人把“明”改作“鸣”，改错了。按，驼卧下时，腹部不贴地，腿脚弯曲，肚腹下面漏出光亮，可以奔走千里，所以叫“明驼”。唐代制度，驿站有驼使，不是边塞军机大事，不得擅自发出。

○叙事

《东观汉记》说：河西太守窦融派遣使臣进献橐驼，南单于也上书进献橐驼。单于每年在龙祠骑马、斗橐驼，将其当作快乐的事。

《白孔六帖》说：西域的龟兹国每年正月初一日起，斗橐驼七天，看胜负来占卜当年是有余还是不足。

斗羊

○原始

黄省曾《兽经》说：羱羊擅长争斗。《尔雅》说：羱像羊。郭璞注说：羱羊象吴地白绵羊而角更大，角是椭圆形的，出在西方。晋吕忱《字林》说：羱羊是野羊，是有角的羊。宋陆佃《埤雅》说：擅长争斗，能一直斗到死。《广志》说：羱羊，角比肉还重。《鹖林子》说：凡是新羊入群，会被群羊抵撞，不互相亲近，用火烧羊的尾巴就能让它们安定下来。羊是讲情谊的兽类，看见猛虎也不逃避，群羊争死顶触老虎，竟然还顶触新入群的羊，为什么呢？这是因为它们不轻易聚合罢了。由于不轻易聚合，所以才能以死相许。

《白孔六帖》说：西舍利曲名共有十二种。第五种叫《斗羊胜》，骠国叫《来乃》。过去有人看见两只羊在海岸上相斗，强的那只就出来，弱的那只就进入山中，当时人称它“来乃”。来乃就是获胜的局势。

○叙事

《唐书·张说传》记：王君奂在青海西大破吐蕃，张说测度他将要兵败，就上《进嶲州斗羊表》给皇帝，以表达劝谏的意思，皇帝明白了他的意图，采纳了，赐给他彩绸一千匹。

○表

张说《进嶲州斗羊表》说：臣听说勇士戴公鸡形状的帽子，武夫戴鹖形状的帽子，斟酌情理，举荐善类，得到这只斗羊。这只斗羊生在遥远的越嶲，满怀斗志，刚毅果断，对抗起来不避强敌，战斗起来不怕死亡，虽然是身微体小之物，志气却不可摧挫。希望陛下在六郡中挑选良家子弟，向四方征求勇猛之士，使鸟中没有隐匿的才能，兽中没有隐藏的技艺。如果能有机会在陛下的苑囿中展示奇技，在天子的武场比赛武艺，向后鼓足怒气以振作士气，向前用力顿足以奋力搏击，疾速奔跑就像飞奔的云朵交相碰触，粉身碎骨就如同快速旋转的石头互相叩击，哪怕骨头断裂也要赌出胜负，血溅满地也要争出强弱，勇敢刚毅的气势显现而怒发冲冠，凶猛勇敢的声名传扬而击节叹赏。他们是希望稍稍帮助成就明主重视人才的胸怀。假如羊能说话，它必定会说："苦斗而不止，当即就有死掉的，它所以能活命，全是依赖至仁不残，量力劝勉啊。"臣因脚受伤，不能下地，谨让臣的儿子、驸马都尉垍恭敬拜谒金阙门而呈上。轻率冒犯陛下的威严，深深地跪拜俯伏，内心惶恐而又战栗。

斗牛

○原始

《说文》说：天地的计数，从牵牛开始。

《述异记》说：周成王时，东夷送来六角牛。

《异物志》说：九真狸牛，生活在溪水上。狸常常发怒，一起角斗，马上就海水翻滚。有时从水中出来到岸上斗，家牛都很害怕。如果有人要拦住捕捉它，就会发出霹雳般的叫声，人们叫它“神牛”。

《酉阳杂俎》说：勾漏县大江中有野牛，身体形状像水牛。每当上岸角斗时，角变软了就回到江水里，角坚硬了再出来。

○叙事

《酉阳杂俎》说：龟兹国，正月初一日斗牛马驼作为娱乐，七天看胜负，来占卜一年的羊马是减少还是繁殖生息。

宋祈《辛说传》说：辛说年少时，在田野里耕种。有牛角斗，众人因惧怕奔跑以致出现踩踏，辛说径直向前，两手握住牛的角，牛不能动，过了很久又拉着牛角让它们抵撞，竟折断了牛角。里人惊异，杀了牛请辛说吃饭。

《东坡志林》说：蜀中有杜处士，喜爱书画，所珍藏的书画以百计数。有戴嵩《牛》一轴，尤其是他所珍爱的，用锦织成袋子装它，用玉做成画轴裱它。一天晾晒书画，有一个牧童看见了这幅画，拍掌大笑说："这是画的斗牛，牛相斗用力在角上，尾巴抽缩在两腿中间。如今竟然摇着尾巴相斗，错了！"处士笑着表示同意他的话。古语说："耕种的事应当问奴仆，纺织的事应当问婢女。"这话是不能改的。

叶梦得《避暑录话》说：《晋史》说王逸少年时，本性喜爱鹅，世人也赞许他的这个爱好。人的爱好和崇尚之物，原本各有偏向，不易一概而论。比如崔铉喜爱看水牛角斗之类，这有什么喜好的？即使是这样，也必定与本性相近相类。

斗刺猬

○原始

《尔雅》说：汇的毛像刺。邢丙《疏》说：汇即是蝟，它的毛像针。《埤雅》说：蝟的形状像侣鼠，性极凶恶顽钝。有东西稍稍地离它近些，它的毛刺就会攒起来像箭一样，可是见到鹊便仰着肚子让它啄，身上的刺也就散烂了。《淮南子》说：鹊粪能杀刺蝟，此理不可推究，这是刺蝟因反应迟钝而丧命。

蝟形状像鼠而比鼠大，刺端分出两个岔的叫蝟，像棘针的叫蟓，本性极为惧怕鹊，能制住老虎，它的胆甘甜。

《续博物志》说：蝟能跳入虎的耳朵中。

○叙事

李绰《尚书故实》记：近年来，在京城街巷中常有围聚起来看戏场的人。问那些人，他们就说："两只刺猬对打，既符合节奏，又符合章程。"当时座中有前将作少监李韫，也说曾经见过。

斗蟋蟀

○原始

《尔雅》说：螒，就是天鸡。樊光说：小虫，黑色的身体，朱红色的头。李巡说：又名酸鸡。郭璞说：别名莎鸡，也叫樗鸡。

《方言》曰：就是虹孙。

《尔雅冀》曰：蟋蟀有生在田野中的及生在人家中的，喜好藏在土石甎甓下面吟唱，尤其好斗，斗胜了就骄傲地鸣叫，叫的声音就像织布机急速纺织时的声音，所以幽州把这叫作促织。

王逵《蠡海集》说：蝉近阳光，栖息在树木上，见到阴凉而发出声音，发声的部位是腹板。蟋蟀近阴凉，栖息在土壤中，见到阳光而发出声音，发声的部位是翅膀。蝉喜阳，习性温和，鸣叫时这里停下那里又起来。蟋蟀喜阴，习性忌妒，相遇必定互相争斗。

○叙事

《开天遗事》记：蟋蟀，每到秋天，宫中妃妾都用小金笼捉蟋蟀关在笼中，放在枕函边，夜晚听它们的叫声。平民百姓家都仿效这个。

《宋史》说：贾似道整日坐守葛岭，建造楼阁亭榭，娶宫人娼尼中有美貌的女子做妾，每天在其中淫乐。只有旧日相交的赌徒每天到里面尽情赌博，其他人没有敢窥看他的宅第的。他曾经与群妾蹲在地上斗蟋蟀，和他一起狎玩的人进来和他开玩笑说："这是军国重事么？"

贾似道《促织歌》说：新虫调理要适当，夏末时节盆窝须要靠近凉爽的地方。渐渐到深秋时节促织怕凉风，不适宜频繁洗浴以防备冻伤。饲养时盆罐须要宽阔，准备食物还要依时审详。饮水食物调理均匀促织必定兴旺，察看时务必不要对着阳光。饮水食物的量及时间都努力做好才能斗，不可以因为让促织吃不够或吃太饱而着忙。盆内的土须用蚯蚓粪，主要因为这遵循了阴阳的规律。这样宿虫就没有妒色，还要记得将隔夜水换成新水浆。假如拿草叶供虫咬，要知道促织牙齿软更会受损伤。过笼窝罐安排要坚固，这样行动提携就不用总是提防。酒后切忌把促织拿来看，酒后壮气会冲伤促织让它又蹦又跳又发狂。误放橘橙会对食物有害，吃了这些促织肚腹会遭殃。安顿促织必须放在清净处，油烟会熏坏促织使它不强壮。过了时间促织没斗只是频频看，仍要好好收拾用心珍藏。假若因为窝外打食口齿缓慢，必须按前面的方法医治损伤。不察看强弱就当场开始斗，必定遭输被人笑促织不良。盖盆要谨慎不能留缝隙，免得使促织奔逃心中发慌。看取调养都依照这个虫谱，虫体不会有损伤，牙齿也更坚刚。这一种清幽之物值得怜惜，年年三秋声韵悠长。

袁宏道《瓶花斋集》记：京城的人到了七八月间，家家都养促织。我每到郊野，就看见健壮的男子、幼小的孩子成群地聚在草丛中捉促织，来来往往，侧耳倾听，面貌痴呆，好像丢掉了什么东西似的。甚至在茅厕污墙之中，一听到促织的声音，也是跳起身子疾速奔过去，就像馋猫看见老鼠。瓦盆泥罐遍布市井，不论老幼男女，都把引逗促织相斗当作乐趣。曾经看过贾秋壑的《促织经》，书中大略说，生在草土中的促织，身体是柔软的；生在砖石中的，身体是刚健的；生在浅草瘠土、砖石深坑、向阳土地中的，习性顽劣。从颜色上说，白色的不如黑色的，黑色的不如赤色的，赤色的不如黄色的，黄色的不如青色的。长着白麻头、青色脖项、金色翅膀、金银丝额头的，是上等的促织；黄麻头的，是次一等的促织；紫金黑色的，是又次一等的促织。从体形上说，以头项肥、脚腿长、身背宽阔的为上等，头尖、项紧、脚瘦、腿薄的为下等。促织生病的情形有四种：第一种是仰头，第二种是卷须，第三种是练牙，第四种是踢腿。如果犯了其中的任何一种病，就都不能用了。促织的名目有白牙、青拖、肚黄、红头、紫狗、蝇黄、锦蓑衣、肉锄头、金束带、齐膂翅、梅花翅、琵琶翅、青金翅、紫金翅、乌头金翅、油纸灯、三段锦、红铃月、额头香、色膌铃等类，很多，不能全记下来。饲养的办法是用鳜鱼、茭肉、芦根虫、断节虫、扁担虫、煮熟的栗子、黄米饭喂它。医治促织之病的办法有：嚼牙就喂带血的蚊虫，内热就用豆芽尖叶，落胎粪结就用虾婆，头昏用川芎茶浴，咬伤用童便、蚯蚓粪调和，点在疮口上。凡是促织的体态面貌情性，细微详尽，全都载明。真让人感叹啊，一种虫子竟然这样微妙曲折。由此推究开来，即使是虮虱蠛蠓，我也知道它们的情状与人没有什么不同的了。

王稚登《虎苑》说：吴地风俗好斗蟋蟀，用黄金花马作赌注。里人张生为此屡败，就到玄坛祈祷。玄坛，是张生平日所供奉的。夜晚，他梦见神说："派我的虎帮助你，虎在北寺门下。"张生醒来，前往寻找，得到一只黑蟋蟀，个儿很大，每次一斗就取胜，获利非常丰厚，过了很长时间才死。

陈继儒《妮古录》说：宣庙时，磁器及蟋蟀澄泥盆最为精妙绝伦。两宫失火，储藏的金流入铜中，镕化而成为垆，所以后世伪造者远不能及。

潘之恒《亘史》说：如今燕都上元节食黄瓜、赏牡丹、斗蟋蟀，都是从地穴中取出来，然后用火烘烤，真是足以胜过造化的力量。然而它从根本上必定破坏这些东西，这些东西也会早死。

周晖《金陵琐事》说：促织，惟独金陵斗促织称为秋兴。斗促织有场所，盛促织有器皿，掌管促织有专人，必定让促织大小相配，两家才开始赌，依傍着猜的人很多，这就是金陵斗促织的大概情形。马南溟有《斗促织赋》。

王临亨《粤剑编》说：广城多用蠔壳砌墙壁，园亭中用它也颇显雅致。蟋蟀三月间，已经满墙壁长鸣了，广城人到六七月间，也多捉来用它斗戏，赌金钱。

《促织经》说：先比头，次比腿，再比浑身无后悔。颜色相当才可相斗。《斗经》：被咬了三二十口的，可以歇六七天。被咬百口还能赢的不算稀奇，被咬一口就能赢的胜过咬百口赢的，虽说只咬一口但是用力却反超咬数十口赢的促织一倍，这样的促织尤其应当调息。保织有斗口的，有斗间的。斗间的改为斗口，必定是来虫弱。斗口的改为斗间，必定是来虫狠。

斗蝇虎

○原始

崔豹《古今注》说：蝇虎，就是蝇狐，形状像蜘蛛而颜色灰白，擅长捕捉苍蝇。别名蝇蝗，又名蝇豹（一作“豹子”）。

○叙事

《酉阳杂俎》记：于頔在襄州时，曾经有位山人王固拜见他。于頔性子急，看见王固拜伏时动作迟缓，就不太看重书生。过了几日，于頔招集友人举行宴会，王固没能再次进见。王固非常失落，于是到使院造访判官曾叔政，曾叔政对他以礼相待。王固对曾叔政说："我以为于頔喜好奇妙的东西，所以远道而来拜访他，如今实在失望。我会一种技艺，是自古以来没有过的技艺。如今我就要回去，而且承蒙您如此厚待我，现在就为您展示一番。"于是就前往曾叔政的居所，从怀中拿出一节竹筒和一面小鼓，竹筒、小鼓的圆面直径仅有一寸。过了好久，才拔去竹筒的塞子，折了一节小树枝，连续不停地敲击小鼓。竹筒中有数十只蝇虎子，排成行列依次爬出，分成两队，如同两军对阵的样子。每击一次鼓，或三个或五个，随着鼓音变换阵型，天衡、地轴、鱼丽、鹤列，各种阵法无不具备。进退离合，人也做不了这么好。总共变换了数十种阵型后，就列队回到了竹筒中，曾叔政观看完毕，非常惊异，这才告诉给于公。王固已经悄悄离去。于頔又后悔又遗憾，派人访求他，却一无所获。

《杜阳杂编》记：飞龙卫士韩志和，原本是倭国人。擅长雕刻木头作成鸾、鹤、鸦、鹊的形状，这些东西的饮水啄食一动一静，与真的没有什么两样。把机关放在这些东西的腹内，一发动就能腾空飞翔，大约有百尺高，飞到一二百步之外才开始落下。他还雕刻木头作成猫儿用来捕鼠雀。飞龙使对他的聪明灵巧感到惊异，就把这事奏报给了皇上，皇上观看之后非常喜悦。志和又雕刻出踏床，有数尺高，上面用金银彩绘装饰，并把它叫做见龙床。放在那里看不见龙的形状，脚踏上去龙的鳞鬣爪牙全都显现出来了。等开始进献上去时，皇上用脚踩它，这条龙屈伸的样子好像是得到了云和雨，似乎要飞腾起来，皇上非常害怕，命令撤去。志和跪伏在皇上面前说："臣愚蠢不明事理，以致惊吓冒犯了皇上。臣愿意另外献上微小的技能稍稍使您娱悦，来弥补臣的死罪。"皇上笑着说："用来让我开颜欢笑的技艺是什么？试着来给我展示一番。"志和于是从怀中拿出一个桐木盒子，有数寸大小，里面有名叫蝇虎子的东西，数目不止一二百，形貌都是红色。说是用丹砂喂它们的缘故。于是分为五队，指令它们表演《凉州》舞。皇上召来乐队演奏他们的曲子，于是蝇虎子盘旋回绕宛转变化没有不合于节奏的。每当遇到致词的地方，就隐隐约约好像蝇子的声音。等到曲子奏结束了，就排成行列依次退下，好像有尊卑等级的样子。志和把蝇虎子放在手臂上，指令它们在皇上面前捕猎苍蝇，在数步之内，就像是鹞鹰捕捉麻雀，极少有捕不到的。皇上赞许他的技艺小有可观，就赐给他杂彩银碗。志和出了宫门，把这些东西都转施给他人。不到一年时间，竟然不知道志和到哪里去了。

斗蚁

○原始

《大戴礼》说：十二月，玄驹贲。玄驹就是蚂蚁。贲就是在地下爬行。

《抱朴子》说：蚂蚁有兼并弱者的智慧。

《广志》说：蚂蚁有飞蚁，有木蚁，又有黑蚁黄蚁大蚁小蚁数种。

《埤雅》说：蚂蚁有君臣之义，所以“蚁”字的义旁是“义”。蚂蚁喜欢群斗，斗起来就激战不止，难以分开，还有行伍队列。元徽之说：巴地蚂蚁众多并且擅长对敌。

《齐丘子》说：蝼蚁是有君主的：一个拳头那样大小的宫殿，就与众蚂蚁一起居住；一个土块大小的台子，就与众蚂蚁一起临视；一个米粒大小的食物，就与众蚂蚁一起储藏起来；一只虫子那样的收获，就与众蚂蚁一起品尝；一只蚂蚁的罪行没有疑问，就与众蚂蚁一起杀死它。

《酉阳杂俎》说：秦中地区有很多巨型黑蚂蚁，好斗，人们俗称这种蚂蚁为马蚁。还有颜色浅红的蚂蚁。细蚁中有一种黑颜色的，反应迟钝，但是力气大，能举起和身体大小相同的铁。有一种颜色浅黄的，最有兼并弱者的智慧。成式儿时玩耍时，曾经用荆棘上的刺扎苍蝇，放在蚂蚁来往的路上，有只蚂蚁碰到苍蝇就返回去，大约是离蚁穴一尺或者数寸，刚进入穴中的蚂蚁像一条绳子一样密密麻麻地爬了出来，好像有声音召唤它们。它们的队伍每六七只就有一只大头的蚂蚁隔在中间，整整齐齐像军队的行列。到搬运苍蝇时，大头蚂蚁有的在两侧，有的殿后，像是防备另一种蚂蚁的样子。元和年间，我借居在长兴里。庭院里有一窝蚂蚁，形状大小如同前面说的颜色浅红的蚂蚁，可是颜色却是纯黑的，腰节稍微有点赤色，头部尖锐腿长，跑起来最是轻捷迅速。常常活捉尺蠖及小虫搬入穴中，然后毁坏并埋住洞穴，大概是防备尺蠖及小虫逃走。从此以后我移居多处，再没有见到这样的蚂蚁。山人程宗义说："程执恭在易定时，田野中的蚁楼高有三尺多。"

《夷坚志》说：淳熙元年，浙江石岸崩坏数百丈，受损的居民非常多。朝廷诏令殿前步军转运司、临安府修筑，工程紧急，挖运泥土早晚不停。殿司偏校汤公辅从擂马岭取土。正在搬运的时候，地面忽然塌陷，下面是空的，现出一个蚁穴，几乎有半亩地大，蚂蚁能有数斛那么多，都是红色的腰，与平常的蚂蚁不同。一只最大的约有数寸大，中间宫室楼阁，花木池台，纵横排列，十分可爱。又有小桥，有二三尺长，两旁细草茂密。公辅取走数个亭子献给转运司判官吕摺，吕摺仔细地察看它，都是叠土团成的，其中的椽瓦窗牖就像是砍削出来的样子，于是马上命令用掩盖住，并且把工匠转移到别处。亭子至今藏在吕家。由此知道，唐人记南柯太守之事，即使是寓言，也是原本就有的事。

○叙事

孟元老《梦华录》说：正月十五日元宵节。皇宫前面从年前冬至以后，开封府就开始搭建彩棚。竖立的木柱正对着宣德楼。游人从那时起就聚集到御街。两廊下表演奇术异能的，歌舞百戏的，一个挨着一个，乐声嘈杂，能传到十余里之外。有的表演击丸蹴踘，有的表演踏索上竿。著名的有赵野人的倒喫冷淘，张九哥的口吞铁剑，李外宁的药法傀儡，小健儿的吐五色水、旋浇泥丸子，大特落的灰药，榾柮儿的杂剧，温大头、小曹弹奏嵇琴，党千吹奏箫管，孙四的烧炼药方，王十二表演的剧术，邹遇、田地广的杂扮，苏十、孟宣的筑毬，尹常卖说五代史，刘百禽表演驯虫蚁，杨文秀的鼓笛。还有猴呈百戏，鱼跳刀门，使唤蜂蝶，追呼蝼蚁。

袁达德《禽虫述》说：蚂蚁可以让它们争斗，是用食物训练的。

田汝成《西湖志余》说：我最近看到杭州的禽戏，有叫蚂蚁角武的，办法是训练黄色、黑色的细蚁两种，黄色、黑色的分别有大的做它们的将领，插旗为号，一次敲鼓双方对垒，二次敲鼓双方交战，三次敲鼓双方分兵，四次敲鼓就结束战斗回到巢穴。

袁宏道《瓶花斋集》说：我曾经路过西山，看见儿童把松树间的大蚂蚁拿来，剪去蚂蚁头上的两只触须，它们就互相争斗撕咬，到死也不肯停止。问他们原因，他们说："蚂蚁是用触须当眼睛的，凡是行动时，先用触须往左右仔细探察，然后才急速向前走。一旦掐去它们的触须，就不能前行了。既然气愤自己看不见，于就以死争斗。"我亲自试了一下，确实是这样。我认为蚂蚁靠触须看东西的说法，自古以来没有听过，况且蚂蚁不是没有眼睛而一定要靠触须来前行，这也是奇异的事情。我记下这些以等待见多识广的人去证实。

斗蛛

○原始

《诗》说：蟏蛸在门上结网。

《尔雅》说：蟏蛸，长脚。注：小蜘蛛，长脚的俗称为喜子。陆机《疏》说：又叫长脚荆州，河内人叫它喜母，这种虫附在人的衣服上，应有亲近的宾客来，有喜事。幽州人把它叫做亲客。

陶隐居说：蜘蛛种类有数十种，《尔雅》只记载了七八种。

○叙事

袁宏道《瓶花斋集》说：斗蜘蛛的方法，从古至今没有听说过，我的朋友龚散木创造了这个游戏。散木年少时与我同馆，每当春日和煦时，就寻找腿脚稍长的小蜘蛛，每人各找几只，养在窗台间，以比胜负为乐趣。蜘蛛多生活在阴凉的墙壁和案板下面，蛛网只有数道经线没有纬线。捕蜘蛛时不能着急，一着急蜘蛛就害怕，一害怕便终生不能争斗。蜘蛛应当是雌的不应是雄的，雄的遇见敌人便跑，雄蛛腿短而且肚子薄，辨认它极为容易。驯养它的方法是，先挑出别的蛛子还没有出来的，粘在窗间纸上，雌蜘蛛见了，以为是自己的孩子，爱护非常周到。看见其他的蜘蛛来了，以为要夺它的孩子，就极力抵挡它。只有腹中有蛛子或已经出过蛛子的不适合用。上场时，开始是用脚搏斗，数番交战以后，越战气势越勇猛，怒张着爪子显得面目狰狞，连身子都不见了。胜的一方用蛛丝束缚敌人，直到对方死了为止。也有胆小中途败逃的，也有势均力敌斗几下便不再斗的。

散木总是能事先判断出蜘蛛谁胜谁败，捕捉时，就说哪只善斗，哪只不善斗，哪只与哪只相当，后来果然都像他说的。论颜色，黑里带黄的最好，灰色的次些，杂色的最差。蜘蛛的名目也有很多，如玄虎、鹰爪、玳瑁肚、黑张经、夜叉头、喜娘、小铁嘴，都按它们看起来像什么就用什么来取名。饲养它们用苍蝇和大蚂蚁，凡是饿了、饱了、喜了、怒了的情状，散木都非常清楚地知道。这里面的事太琐碎，不能全部记下来。散木非常聪慧，能作诗，人世间的技巧之事，一看就能弄懂，但是学业也因为这个荒废了。

斗鱼

○原始

《尔雅》说：鱼枕称作丁，鱼肠称作乙，鱼尾称作丙。

《礼记》说：鱼去乙。

《左传》说：原繁、高渠弥率领中军护卫郑庄公，摆成鱼丽阵。先排列二十五辆战车为偏，接着排列五人为伍，伍用来接续偏并弥补阵列间的空隙，在繻葛进行战斗。

杜光庭《录异记》说：南海中有山，高达数千尺，其中两座山相距十余里。有两只巨鱼相斗，鬐鬣挂住了山，半座山因此折断。

○叙事

张世南《游宦纪闻》说：三山溪中出产小鱼，斑纹红黑相间。乡里的儿童喂养它，斗胜负以赌输赢。过去有斗禽的，没见过有斗鱼的，也值得一看。听说永嘉也有斗鱼。

宋濂《潜溪集》说：我在建业作客时，见到有养波斯鱼的，俗语错称作师婆鱼。这种鱼像指头大小，鬐鬣是五彩色。两腮上有青黑色的小点（闽人称它为花鱼），习性勇猛凶悍擅长打斗。有人用两只缶养它们，折片藕叶盖在水面上，用蚯蚓、苍蝇或蚊子喂它们，观察鱼在荷叶侧畔吐泡的样子。知道它的勇猛可以利用，就将大缶装满水，将两只波斯鱼都放在里面。它们各自竖起鬐鬣，鼓起眼睛对视，因为怒气，身体拳曲得像弓一样，鳞甲变成了黑色。过了很久，忽然像秋隼一样发动攻击，击水泙然有声，水珠溅到人的衣服上。接连数个回合，又分开。当两只鱼刚放到一起时，如同离弦的箭一样，不能遏止。然后就互相纠缠，盘旋在一起难分难解。其中有一只斗败了，斗胜的就奋勇驱逐它。斗败的害怕，就自己跳出缶外，看它的身体已经是纯白的了。我听说有血气的人，必然有争斗的心。然而这种鱼，它也是有争心的么？或者是愚昧顽固不开窍而到了这种地步么？悲哀啊！然而我所悲哀的，难道只是鱼么？

潘之恒《亘史》说：寒山赵凡夫告诉我，有闽人赠送给他六尾斗鱼，形体黑色而又色彩斑斓，此时正是深秋时节，不斗，不久就要死了。蟋蟀擅长争斗，也是依照时令鸣叫。万物原本不能不合时令，确实如此啊！

《亘史》又说：闽人洪仲韦、林敬甫、陈皋父，乙巳年夏天来看我，庚阜也同去闽地游玩，说闽中这个时候携着娈童坐在榕树下，一边吃荔枝，一边看斗鱼，足以忘记酷暑。我笑着说："鱼果然是在夏天斗么？"三人说："是这样的。只有夏天才能鼓起气势，到了秋天气势就弱了。其中强健有力又勇猛的鱼，张鬣掉尾，击打一下或许就能让对方抉目溃腹死去。真是奇异啊！"当时汪二鲁也在座，应声说："金陵的春月，有能胜过这个的。"我问："那是什么？"二鲁说："携着妖妓坐在新发的树枝下，一边品着岕茶，一边听着黄鸟和鸣。"我笑着说："这适合仲韦，仲韦可以不回家了。"

虫天志

原文

卷一

雅趣小书

虫天志序

往不佞[①]与二三兄弟结社畅阁，人各自诣[②]，而新异独标、名理殊胜者，必沈公路氏也。乃偃蹇[③]名场[④]，近复善病[⑤]，壮心侠骨，每托之撰述，以写其牢骚不平之气。兹出一编，属[⑥]余为引，命曰《虫天志》。

余受而读之，上极典坟[⑦]，旁及稗官野史[⑧]，凡夫蜎飞蠕动[⑨]之属，说非涉于荒唐，言可资夫风

【注释】

① 不佞：没有才能。这里作名词，谦称自己。

② 诣：学业或技艺所达到的程度。

③ 偃蹇（yǎn jiǎn）：困顿，窘迫。

④ 名场：士子求功名的场所，这里指科举的考场。

⑤ 善病：容易生病。善：容易，易于。

⑥ 属：同“嘱”，嘱咐，托付。

⑦ 典坟：传说中的古书“三坟五典”的省称，也指各种古代文籍。

⑧ 稗官野史：稗官，古代的小官，专给帝王讲街谈巷议之言、风俗故事，后来称小说为稗官。野史指私人著述的史书，与官修的“正史”相对。稗官野史用来泛称记载轶闻琐事的文字。

⑨ 蜎（xuān）飞蠕动：虫豸等靠飞翔或蠕动而行，借指能飞或爬行的昆虫，本书指能走能飞的动物。蜎：通“翾”，飞翔，飞行。

雅者，靡不综而辑之；且为原始、叙事，侈之以诗赋，乱①之以微言②。沨沨③乎富矣，美矣，卓且诡④矣。真天壤间一种奇书！而《尔雅》《博物》不得专称于前矣。

抑余犹有说焉。夫泰古睢于⑤之世，人而天也。降而道术相尚，意智相矜相诈，巧力相凌相竞。天之牖⑥人，人之不能违天也。唯至人者，不以人物

【注释】

① 乱：古代乐曲的最后一章或辞赋末尾总括全篇要旨的部分。这里指总括要旨的言辞。

② 微言：隐微不显、委婉讽谏的言辞。

③ 沨（fán）沨：形容乐声婉转悠扬。这里是形容内容丰富又淳美的样子。

④ 诡：出乎寻常，不同寻常。

⑤ 睢于：即“睢盱（huī xū）”，浑朴，淳朴无华的样子。

⑥ 牖：通“诱”，诱导，引导。

利害相撄[①]，侗然[②]往来而休乎天钧[③]，故曰工乎天而佷[④]乎人。公路是编，殆从静观后参透斯旨，而为是寓言也耶。虽然，出世入世，总一灵关[⑤]。彼烹鲜[⑥]、解牛[⑦]之说，至今为理者拱璧[⑧]奉之，特河上[⑨]漆园[⑩]非其时耳。方今圣明在上，罗网毕

【注释】

① 撄：扰乱，纠缠。

② 侗（tǒng）然：通达、心无挂碍的样子。

③ 天钧：又作“天均”，天然而均平的道理，自然而均衡的境界。

④ 佷（liáng）：擅长，善于。

⑤ 灵关：仙界的关门，关隘处。

⑥ 烹鲜：《老子》说：“治大国若烹小鲜。”后以“烹鲜”比喻治国便民之道。

⑦ 解牛：《庄子·养生主》有庖丁解牛而游刃有余的故事。这里指技艺之神妙。

⑧ 拱璧：大璧。比喻极其珍贵之物。

⑨ 河上：河上公，相传为西汉时信奉道家的高士，有《老子注》，或为六朝人所托。

⑩ 漆园：庄子曾做漆园吏，后以“漆园”代指庄子。

张，起烟霞之疾[①]，而遭遘[②]风云，自有旂常竹帛[③]在。公路将无[④]涊然[⑤]汗出，霍然病已，而攘袂[⑥]以从事乎？则余言聊当《七发》[⑦]矣。

友弟杨万里题

【注释】

① 烟霞之疾：爱山水成疾的人，指隐逸之士。

② 遭遘（gòu）：遭遇。

③ 旂常竹帛：旂常，王侯的旗帜。《周礼·春官》说："王建大常，诸侯建旂。"竹帛，竹简与白绢，古代初无纸，用竹帛书写文字。

④ 将无：莫非。

⑤ 涊（niǎn）然：出汗的样子。

⑥ 攘袂：捋起衣袖，形容奋起的样子。

⑦《七发》：西汉枚乘有赋《七发》，赋中假设楚太子有病，吴客前去探望，设以七件事互相问答，诱导太子，太子忽然病愈。

斗鸡

○原始

《尔雅》曰：鸡，大者蜀；蜀子，雓；未成鸡，僆；绝有力，奋。《疏》：此别鸡属也。按，《春秋说题辞》曰：鸡为积阳，南方之象；火阳精物，炎上①，故阳出鸡鸣，以类感也。鸡者，知时畜，其大者名蜀。郭云：今蜀鸡，蜀之雏子名雓，雏之稍长未成鸡者名僆。郭云：江东呼鸡少者曰僆，壮大绝有力者名奋。郭云：诸物有气力多者，无不健自奋迅②，故皆以名云。

又曰：鸡三尺为鶤。注：阳沟巨鶤，古之名鸡。

【注释】

① 炎上：《尚书·洪范》说："火曰炎上。"《说文解字》说："火，燬也。南方之行，炎而上。象形。"鸡也属南方之象，所以下文说"以类感也"。

② 奋迅：形容鸟飞或兽跑迅疾而有气势。

江遹曰：鸡，木畜也，木与木相摩则然，故鸡为善斗之畜。

《清异录》曰：郝轮陈别墅畜鸡数百。丁权伯劝谕轮畜一鸡，日杀小虫无数。

《琐碎录》曰：鸡子皆雄者，必有喜事。

宋诩《树畜部》曰：鸡忌柳柴，烟能损目，有病灌以清油，愈；瘟之传者磨铁浆染米与食，愈；水眼以白矾传之，愈。

○叙事

《列子》曰：纪渻子为周宣王养斗鸡。十日而问：“鸡可斗已乎？”曰：“未也，方虚骄而恃气。”十日又问，曰：“未也，犹应景[①]响。”十日又问，曰：“未也，犹疾视而盛气。”十日又问，曰：“几矣，鸡虽有鸣者，已无变矣。望之，似木鸡矣，其德全矣，异鸡无敢应者，反走耳。”

庄子谓惠子曰：羊沟[②]之鸡，三岁为株[③]。相者视之，则非良鸡也，然而时胜人者，以狸膏[④]涂其头也。注：羊沟，斗鸡处；株，魁帅也；鸡畏狸膏。

《左传》曰：季、郈之鸡斗，季氏介其鸡，郈氏为之金距[⑤]。杜预注曰：捣芥子播其羽也，或曰

【注释】

① 景：同“影”，影子。

② 羊沟：古代斗鸡的场所。

③ 株：首领，也泛指魁首。此处特指斗鸡得胜者。

④ 狸膏：狸的脂膏。鸡害怕狸，古时斗鸡，取狸膏涂抹鸡头，让对手畏怯，以此战胜对手。

⑤ 金距：装在斗鸡距上的金属假距。距：雄鸡、雉等腿后面突出像脚趾的部分。

以胶沙播之。贾逵疏曰：捣芥子为末，播其鸡翼，可以坌[1]郈氏鸡目。郑众疏曰：介，甲也，为鸡注甲。高诱注《吕氏春秋》云：铠著鸡头，或曰以胶沙播之，亦不可解。盖以胶涂鸡之足爪，然后以沙掺之，令其涩，得伤彼鸡也。以郈氏为金距言之，则著甲是也。

《水经注》曰：汶水自桃乡四分，当其派别之处，谓之四汶口。其左，二水双流，西南至无盐县之郈乡城南，鲁叔孙昭伯之故邑也，祸及斗鸡矣。

《吴时外国传》曰：扶南王范寻，以铁为斗鸡假距，与诸将赌戏。

《西京杂记》曰：太上皇徙长安，居深宫，凄

【注释】

① 坌（bèn）：尘土等粉状物扬起或黏在别的物体上，这里指芥子的粉末飞扬，使眼睛睁不开。

怆不乐，高祖窃因左右问其故。以平生所好皆屠贩少年、酤酒卖饼、斗鸡蹴踘[1]，以此为欢，今皆无此，以故不乐。高祖乃作新丰，移诸故人实之，太上皇乃悦。

又曰：鲁恭王好斗鸡鸭及鹅雁，养孔雀、䴔䴖，俸谷一年费二千石。

《汉书·东方朔传》曰：董偃与母以卖珠为事，出入主家，左右言其姣好，因留第中，号曰董君。常从上游戏北宫，驰逐平乐，观鸡鞠之会，角狗马之足。

《汉书·宣帝纪》曰：曾孙因依倚广汉兄弟及祖母家史氏，受《诗》于东海澓中翁，高材好学，然所喜游侠、斗鸡、走狗。

【注释】

① 蹴踘：古代的一种踢球游戏。

《汉书·外戚传》曰：王奉光少时好斗鸡。宣帝在民间数与奉光会，相识。奉光有女年十余岁，每当适人，所当适辄死，故久不行。及宣帝即位，召入后宫，稍进为婕妤，封父奉光为邛成侯。

《邺都故事》曰：魏明帝大和中，筑斗鸡台，赵王石虎亦以芥羽漆砂①斗鸡于此。

刘昫《唐书·王勃传》曰：勃为沛府修撰，甚爱重之。诸王斗鸡，互有胜负，勃戏为《檄英王鸡文》。高宗览之，怒曰："据此，是交构之渐②。"即日斥勃，不令入府。

又《睿宗诸子传》曰：玄宗于兴庆宫西南置楼，西面题曰"花萼相辉之楼"，南面题曰"勤政务本之楼"。玄宗时登楼，闻诸王音乐之声，咸召登楼

【注释】

① 芥羽漆砂：斗鸡时为保护鸡不被对方啄伤，在鸡羽毛上撒芥子粉或涂漆播砂。

② 交构之渐：互相构陷的开端。渐，开始，开端。

同榻宴谑，或使幸其第，赐金分帛，厚其欢赏。诸王每日于侧门朝见，归宅之后，即奏乐纵饮，击毬斗鸡，或近郊从禽，或别墅追赏，不绝于岁月矣。游践之所，中使[①]相望。以为天子友悌，近古无比。

《唐书·五行志》曰：玄宗好斗鸡，贵臣、外戚皆尚之，贫者或弄木鸡。识者以为：鸡，酉属，帝生之岁也；斗者，兵象。近鸡，祸也。

《因话录》曰：文宗将有事南郊[②]。祀前，本司进相扑人。上曰："我方清斋[③]，岂合观此事？"

【注释】

① 中使：宫中派出的使者，多指宦官。

② 南郊：京师南面的郊外，古代天子用來祭天的地方。

③ 清斋：举行祭祀或典礼前洁身静心以示诚敬。

左右曰："旧例皆有，已在门外祇候。"上曰："此应是要赏物，可向外扑了，即与赏物，令去。"又尝观斗鸡，优人[1]称叹："大好鸡！"上曰："鸡既好，便赐汝。"

《冯燕传》曰：冯燕者，少以意气任，专为击毬斗鸡戏。魏市有争财斗者，燕闻之，往搏杀不平，遂亡滑，益与滑军中少年鸡毬相得。

【注释】

① 优人：古代以乐舞、戏谑为业的艺人。

○传

陈鸿祖《东城老父传》曰：老父，姓贾名昌，长安宣阳里人。开元元年癸丑生。元和庚寅岁，九十八年矣。视听不衰，言甚安徐，心且不耗，语太平事历历可听。父忠，长九尺，力能拽倒牛，以材官[①]为中宫幕士。景龙四年，持幕竿随玄宗入大明宫，诛韦氏，奉睿宗朝群后，遂为景云功臣，以长刀备亲卫。诏徙家东云龙门。昌生七岁，趫捷过人，能搏柱乘梁，善应对，解鸟语音。

玄宗在藩邸时，乐民间清明节斗鸡戏。及即位，治鸡坊于两宫间。索长安雄鸡，金毫铁距、高冠昂尾千数，养于鸡坊，选六军小儿五百人，使驯扰[②]教饲。上之好之，民风尤甚。诸王世家、外戚家、贵主家、侯家，倾帑破产市鸡，以偿鸡直。都中男女，以弄鸡为事，贫者弄假鸡。

【注释】

① 材官：勇健的武卒。一种秦汉时开始设置的兵种。

② 扰：驯养。

帝出游，见昌弄木鸡于云龙门道旁，召入，为鸡坊小儿，衣食右龙武军。三尺童子入鸡群，如狎群小，壮者，弱者，勇者，怯者，水谷之时，疾病之候，悉能知之。举二鸡，鸡畏而驯，使令如人。护鸡坊中谒者王承恩言于玄宗。召试殿庭，皆中玄宗意。即日为五百小儿长。加之以忠厚谨密，天子甚爱幸之，金帛之赐，日至其家。

开元十三年，笼鸡三百，从封东岳。父忠死太山下，得子礼奉尸归葬雍州。县官①为葬器丧车，乘传洛阳道。

十四年三月，衣斗鸡服，会玄宗于温泉。当时天下号为“神鸡童”。时人为之语曰：“生儿不用识文字，斗鸡走马胜读书。贾家小儿年十三，富贵荣华代不如。能令金距期胜负，白罗绣衫随软舆。

【注释】

① 县官：朝廷，官府。

父死长安千里外，差夫特道挽丧车。”

昭成皇后之在相王府，诞圣于八月五日。中兴之后，制为千秋节。赐天下民牛酒乐三日，命之曰酺，以为常也。大合乐于宫中，岁或酺[1]于洛。元会[2]与清明节，率皆在骊山。每至是日，万乐具举，六宫毕从。昌冠雕翠金华冠，锦袖绣襦袴，执铎拂导。群鸡叙立于广场，顾眄[3]如神，指挥风生。树毛振翼，砺吻磨距，抑怒待胜，进退有期，随鞭指低昂，不失昌度。胜负既决，强者前，弱者后，随昌雁行，归于鸡坊。角觗万夫，跳剑寻撞，蹴球踏绳，舞于竿颠者，索气沮色，逡巡[4]不敢入。岂教猱扰龙之徒欤？

【注释】

① 酺（pú）：欢聚饮酒。

② 元会：皇帝元旦朝会群臣、接受朝贺，称正会，也称元会。

③ 顾眄（miǎn）：左顾右盼。多用以表示洋洋自得。

④ 逡巡：退避，退让。

二十三年，玄宗为娶梨园弟子潘大同女，男服佩玉，女服绣襦，皆出御府。昌男至信、至德。

天宝中，妻潘氏以歌舞重幸于杨贵妃。夫妇席宠四十年，恩泽不渝，岂不敏于伎，谨于心乎？

上生于乙酉鸡辰，使人朝服斗鸡，兆乱于太平矣。上心不悟。

十四载，胡羯陷洛，潼关不守，大驾幸成都。奔卫乘舆，夜出便门，马踣[1]道阱，伤足，不能进，伏入南山。每进鸡之日，则向西南大哭。禄山往年朝于京师，识昌于横门外。及乱二京，以千金购[2]昌长安、洛阳市。昌变姓名，依于佛舍，除地击钟，施力于佛。洎[3]太上皇归兴庆宫，肃宗受命于别殿，

【注释】

① 踣（bó）：向前仆倒，跌倒。

② 购：悬赏征求，悬赏缉捕。

③ 洎（jì）：及，到。

昌还旧里。居室为兵掠，家无遗物。布衣憔悴，不复得入禁门矣。明日，复出长安南门，道见妻儿于招国里，菜色[1]黯焉。儿荷薪，妻负故絮。昌聚哭，决于道，遂长逝。息长安佛寺，学大师佛旨。

大历元年，依资圣寺大德僧运平住东市海池，立陀罗尼石幢[2]。书能纪姓名，读释氏经，亦能了其深义至道，以善心化市井人。建僧房佛舍，植美草甘木。昼把土拥根，汲水灌竹，夜正观于禅室。

建中三年，僧运平人寿尽。服礼毕，奉舍利塔于长安东门外镇国寺东偏，手植松柏百株。构小舍，居于塔下，朝夕焚香洒扫，事师如生。

顺宗在东宫，舍钱三十万，为昌立大师影堂及斋舍。又立外屋，居游民，取佣给。昌因日食粥一杯，浆水一升，卧草席，絮衣。过是，悉归于佛。妻潘氏后亦不知所往。

【注释】

① 菜色：因长时间饥饿而营养不良的脸色。

② 石幢：祠庙中刻有经文、图像或题名的大石柱。有座有盖，形状像塔。

贞元中，长子至信衣并州甲，随大司徒燧入觐，省昌于长寿里。昌如己不生，绝之使去。次子至德归，贩缯洛阳市，来往长安间，岁以金帛奉昌，皆绝之。遂俱去，不复来。

元和中，颍川陈鸿祖携友人出春明门，见竹柏森然，香烟闻于道，下马觐昌于塔下。听其言，忘日之暮。宿鸿祖于斋舍，话身之出处，皆有条贯，遂及王制。鸿祖问开元之理乱，昌曰："老人少年，以斗鸡求媚于上，上倡优蓄之，家于外宫，安足以知朝廷之事也？然有以为吾子言者。老人见黄门侍郎杜暹出为碛西节度，摄御史大夫，始假风宪以威远。见哥舒翰之镇凉州也，下石堡，戍青海城，出白龙，逾葱岭，界铁关，总管河左道，七命始摄御史大夫。见张说之领幽州也，每岁入关，辄长辕挽辐车，辇河间、蓟州佣调缯布，驾辔连軏，坌①入

【注释】

① 坌（bèn）：聚集，积聚。

关门。输于王府，江淮绮縠、巴蜀锦绣、后宫玩好而已。河州燉煌道岁屯田，实边食，余粟转输灵州，漕下黄河，入太原仓，备关中凶年。关中粟麦，藏于百姓。天子幸五岳，从官千乘万骑，不食于民。老人岁时伏腊[1]得归休，行都市间，见有卖白衫白叠布。行邻比廛闬，有人禳病，法用皂布一匹，持重价不克致，竟以幞头罗代之。近者，老人扶杖出门，阅街衢中，东西南北视之，见白衫者不满百。岂天下之人皆执兵乎？开元十二年，诏三省侍郎有缺，先求曾任刺史者。郎官缺，先求曾任县令者。及老人见四十，三省郎吏，有理刑才名，大者出刺郡，

【注释】

① 岁时：每年一定的季节或时间。伏腊：指伏祭和腊祭之日，伏祭在夏季伏日，腊祭在农历十二月。伏腊有时也泛指节日。

小者镇县。自老人居大道旁，往往有郡太守休马于此，皆惨然，不乐朝廷沙汰[1]使治郡。开元取士，孝悌治人而已。不闻进士、宏词、拔萃之为其得人也。大略如此。”

因泣下，复言曰：“上皇北臣穹庐，东臣鸡林，南臣滇池，西臣昆夷，三岁一来朝会。视之礼容，照之恩泽，衣之锦絮，饫之酒食，使展事而去，都中无留外国宾。今北胡与京师杂处，娶妻生子。长安中少年，有胡心矣。吾子视首饰华服之制，不与向同。得非物妖乎？”鸿祖默不敢应而罢去。

【注释】

① 沙汰：淘汰，挑选，拣选。

○记

袁宏道《山居斗鸡记》曰：余向在山居，南邻一姓金氏，隐于掾[1]，爱畜美鸡。一姓蒋氏，隐于商，从燕地归，得一巨鸡。燕地种原巨，而此巨特甚。足高尺许，粗毛厉嘴，行迟迟，有野鹳状，婆娑可人。群鸡见之，辄避去。独掾隐家一鸡，纵步饮啄如常，玉羽金冠，娟然更又可人。然其体状，较之巨鸡，止可五之一。巨鸡遇之，侮其小，随意加啄。美鸡体状虽小，气不肯下，便跃然起斗。巨鸡张翅雄视，时欲即下；美鸡惟凝意抵防，不敢轻发。于是各张武勇，且前且后，两两相持，每费余刻。巨鸡或逞雄一下，美鸡自分不能当，即乘来势，从匿巨鸡胯下，避其冲甚巧。巨鸡一时不知美鸡置身何所，美鸡从巨鸡尾后腾起，乘其不意，亦得一加于巨鸡。巨鸡才一受毒，便怒张扑来，美鸡巧不及避，乃大受荼毒。

余自初观斗至此，大抵见美鸡或得一捷，则大

【注释】

① 掾（yuàn）：佐助，这里是属官的通称。

生欢喜，且睁睁盼美鸡或再捷，而卒不可得，而亦终不想及为之所，美鸡将不堪。

余政[1]在烦恼间，有童子从东来，停足凝眸。既而抱不平，乃手搏巨鸡，容美鸡恣意数啄，复大挥巨鸡几掌。巨鸡失势遁去，美鸡乘势蹑其后，直抵其家。须臾，巨鸡复还追美鸡至斗所，童子仍前如是，如是再四。适两书生过，见童子谆谆用意为此，乃笑曰："我未见人而乃与畜类相搏以为事也。"童子曰："较之读书带乌纱帽与豪家横族共搏小民，不犹愈耶？"两书生愧去。

余久病，未尝出里许，世间锄强扶弱豪行快举，了不得见。见此以为奇，逢人便说。说而人笑，余亦笑；人不笑，余亦笑；说而笑，笑而跳，竟以此了一日也。

【注释】

① 政：通"正"，正当，正在。

○说

罗隐《说天鸡》曰：狙氏[1]子不得父术，而得鸡之性焉。其畜养者冠距不举，毛羽不彰，兀然若无饮啄意。洎见敌，则他鸡之雄也；伺晨，则他鸡之先也，故谓之天鸡。

狙氏死，传其术于子焉。且反先人之道，非毛羽彩错，嘴距铦利者，不与其栖。无复向时伺晨之侍、见敌之勇，峨冠高步，饮啄而已。吁！道之坏矣有是夫！

【注释】

① 狙（jū）氏：喜养猕猴的人。狙：猕猴。

虫天志

原文

卷二

雅趣小书

斗鹅

○原始

《尔雅》曰：舒雁，鹅。注云：《礼记》曰，出如舒雁。今江东呼䳘。

《禽经》曰：鹅，脡[①]月。注云：伏月[②]卵，则向月取其气，助卵也。

《禽兽录》曰：鹅性顽而傲，迫之而愈前，抑之而愈卬。

《格物总论》曰：鹅有苍白二色，绿眼黄啄红掌，善斗，好啖蛇。多溪毒[③]处养此以辟之。或者又云，鹅不食生虫。今《本草》言：鹅子亦噉[④]蚯蚓辈。可知已。

《物类相感志》曰：喜日鹅，汉武帝得之于御池苑中。其鹅至日出时则自衔翅而舞，一名舞鹅。

【注释】

① 脡：向，对。

② 伏月：指农历六月，六月三伏天赤日炎炎，故得名。

③ 溪毒：射工虫，传说中的毒虫。

④ 噉：同“啖”，吃。

○叙事

《世说新语》曰：桓南郡小儿时，与诸从兄弟各养鹅共斗。南郡鹅每不如，甚以为忿。乃夜往鹅栏间，取诸兄弟鹅悉杀之。既晓，家人咸以惊骇，云是变怪，以白车骑。车骑曰："无所致怪，当是南郡戏耳！"问，果如之。

《唐书·田令孜传》曰：僖宗即位，擢令孜左神策军中尉。是时西门匡范位右中尉，世号东军、西军。帝冲骙[1]，喜斗鹅、走马，数幸六王宅、兴庆池与诸王斗鹅，一鹅至五十万钱。

【注释】

① 冲骙：年幼无知。

斗鸭

○原始

《禽经》曰：水鹜泽则群，扰则逐。注曰：鹜，野鸭也，飞止大泽之中，群处；既豢扰[1]之，恶其族类而相逼逐也。

又曰：鸭以怒睨。

王楙《野客丛谈》曰：世为戏语嘲姓奚者，以谓鸭姓奚，呼“奚”必来。因观应劭《风俗通》，谓鸡本朱氏翁所化，故呼“朱”必来，不觉发笑。又观施肩吾诗曰：“遗却白鸡呼喌喌。”喌音“祝”，得非“朱”与“祝”声相近邪？此语已见于古。今呼犬为“卢”，则《战国策》有韩卢，《齐诗》有卢令，而“卢”之声亦久矣。

【注释】

① 豢扰：驯养。

○叙事

《吴志·孙权传》注引《江表传》曰：魏文帝遣使求雀头香、大贝、明珠、象牙、犀角、玳瑁、孔雀、翡翠、斗鸭、长鸣鸡。群臣奏曰："荆、扬二州，贡有常典，魏所求珍玩之物非礼也，宜勿与。"权曰："昔惠施尊齐为王，客难之曰：'公之学去尊，今王齐，何其倒也？'惠子曰：'有人于此，欲击其爱子之头，而石可以代之，子头所重而石所轻也，以轻代重，何为不可乎？'方有事于西北，江表元元，恃主为命，非我爱子邪？彼所求者，于我瓦石耳，孤何惜焉？彼在谅暗[1]之中，而所求若此，宁可与言礼哉！"皆具以与之。

《吴志·陆逊传》曰：建昌侯虑于堂前作斗鸭栏，颇施小巧，逊正色曰："君侯宜勤览经典以自新益，用此何为？"虑即时毁撤之。

【注释】

① 谅暗：居丧时所住的房子。也借指居丧，多用于皇帝。

《岳阳风土记》曰：鸭栏矶，建昌侯孙虑斗鸭之所，陆逊尝谏止之，与白螺山相望。

《南史·王僧达传》曰：僧达少好学，善属文，为太子舍人。坐属疾[①]而于扬列桥观斗鸭，为有司[②]所纠，原不问。

《新唐书·齐王祐传》曰：祐喜养斗鸭，方未反，狸齰[③]鸭四十余，绝其头去。及败，牵连诛死者凡四十余人。

《中吴纪闻》曰：陆鲁望有斗鸭，极驯养。一日，驿使[④]过而挟弹毙其善鸣者。鲁望曰："此鸭善人言，见欲上进，使者奈何毙之？"尽以囊金偿之。徐问人语之状，鲁望曰："能自呼其名尔。"使者愤且笑，拂袖上马。复召之，还其金。

【注释】

① 属疾：生病。

② 有司：古代设官分职，各有专司，所以称有司。

③ 齰（zé）：啃，咬。

④ 驿使：传递公文、书信的人。

斗鹌鹑

○原始

《尔雅》曰：鹌鹑，其雄鹊牝庳。《注》：鹑，鹌属，（庳音脾）。《疏》：即上云驾鴾，母田鼠所化者。

又云：鹑子鳼，鴽子鸋。注：别鹌鹑雏之名。

《素问》曰：鴽即鹑也。是鹩也，鹑也，鴽也，三名而一物。初生曰罗鹑，初秋时名曰蚤秋，中秋以后名曰白唐。夏出秋藏，飞则附草，乃火类也。无常居有常匹，性醇，不越横草，恐触其嗉也。如遇横草则旋行转避，亦性醇之故也。

《禽经》曰：鴽鹑，野则义，豢则搏。注曰：《月令》曰，田鼠化为鴽。关东谓之鹑，蜀陇谓之循。在田得食，鸣相呼，夜则群飞，昼则草伏。驯养之久，见食相搏斗也。

《嫩真子》曰：南方朱鸟①，盖未为鹑首，午为鹑火，巳为鹑尾。天道左旋，二十八宿右转，而

【注释】

① 朱鸟：二十八宿中，南方有井、鬼、柳、星、张、翼、轸七宿，相联呈鸟形；南方属火，朱色像火，称朱鸟。七宿中，首位者井、鬼称鹑首，中部柳、星、张称鹑火，也叫鹑心，末位者翼、轸称鹑尾。

朱鸟之首在西，故先曰未，次曰午，卒曰巳也。然南方七宿之中，四宿为朱鸟之象。《汉·天文志》：柳为鸟咮，星为鸟颈，张为鸟嗉，翼为鸟翼。或问：“朱鸟而独取于鹑，何也？”仆对曰：“朱鸟之象，止于翼宿而不言尾，有似于鹑，故以名之。然谓之鹑尾者，常问元城先生，先生曰：‘盖以翼为尾云故。《甘氏星经》云：鸟之斗，竦其尾；鹑之斗，竦其翼。以此知之。’”

《清异录》曰：鹑之为性，闻同类之声则至。孰其性，必求鹑之善鸣者诱致，则无不获。自号引鹑为“长生网”。

《太和正音谱》曰：名同音律不同者，“【中吕】斗鹌鹑”、“【越调】斗鹌鹑”。

《东轩笔录》曰：王荆公纠察刑役，驳开封府断争鹌鹑公事①，而韩魏公以开封为直。

【注释】

① 公事：案件，案子。

○叙事

《尔雅翼》曰：鹑性虽淳，然特好斗。今人以平底锦囊养之怀袖间，乐观其斗。大率食粟者不过再斗食穄者，尤耿介一斗而已，物之小而健，无若此者。

斗鹧鸪

○原始

崔豹《古今注》曰：鹧鸪出南方，鸣常自呼，常向日而飞，畏霜露，早晚稀出，有时夜飞，则以树叶覆其背上。

《桂海虞衡志》曰：鹧鸪，大如竹鸡而差长，头如鹑身文亦然，惟臆前白点正圆如珠。

《清赏录》曰：鹧鸪，一名内史，一名花豸。

宋永亨《异闻录》曰：鹧鸪性好洁，猎人于茂林间净挥扫地，稍散谷于上，禽往来行游，且步且啄，则以粷竿[1]取之。

○叙事

《梦溪笔谭》曰：庄子曰："畜虎者不与全物、生物。"此为诚言。尝有人善调山鹧，使之斗，莫可与敌。人有得其术者，每食则以山鹧皮里肉哺之，久之，望见其鹧，则欲搏而食之。此以所养移其性也。

【注释】

① 粷（lí）竿：顶端涂黏胶的竹竿，用来捕鸟。

斗百合

○原始

《月令注》曰：变易其声，傚百鸟之鸣。

《朝野佥载》曰：百舌春啭[1]夏止，惟食蚯蚓，正月后冻开蚓出而来，十月后蚓藏而往，盖物之相感也。

【注释】

① 啭（zhuàn）：鸟宛转地鸣叫。

○叙事

宋祁《益部方物略记》曰：百舌鸟出中蜀山谷间，毛采翠碧，蜀人多畜之。一云翠碧鸟，善效他禽语，凡数十种，非东方所谓反舌[1]无声者。往往亦矜斗，至死不解，然捕者告罕，故惜之不使极其击云。

【注释】

① 反舌：即百舌鸟。

斗茬雀

○叙事

宋祁《益部方物略记·荏雀》曰：每岁荏[1]且熟，是则群至食其实，性好斗。人捕之，裒[2]钱使决胜负，闾里嘈观，至一雀直数千钱。官司[3]恶民赘聚[4]，每下符禁叱之。

【注释】

① 荏（rěn）：白苏，一年生草本植物，有芳香，种子可榨油，叶可提取芳香油。

② 裒（póu）：聚集。

③ 官司：官府，多指官府的主管部门。

④ 赘聚：会聚。

斗黄头

○原始

《嘉定志》曰：黄头善斗。

○叙事

李昌龄《乐善录》曰：张道甫好养鵪鶉及青师姑，以其斗而不胜，则怒折其足。又有孙师韩者亦好养弄，其斗而不胜，亦复如张，怒折其足。

又曰：夫养弄之人，若积其生平所杀之数，已自不可胜纪，况捕之与贩之者，其所杀可胜言哉?

斗画眉

○原始

李梦阳《贡禽赋》曰：骇人哉，则画眉、秦吉了、山鹕、五色鹦鹉、番鸡、孔雀、绿鸠、火鸠、白鹇、红鹅。

陶望龄《歇庵集》曰：过日铸岭，稀见余鸟，惟闻画眉而已。山人言：此鸟各占一山头，其侣过之，必苦斗，自来无共栖者。予异其质似妩媚而志甚贞果。

周晖《金陵琐事》曰：画眉鸟，一友人名之曰京兆鸟，乃取张敞故事。

○叙事

《夷坚志》曰：黟县黄祝绍，先为鄱阳主簿。庆元二年四月，有偷儿入其室，收拾衣衾，分置两囊，临欲去。黄氏育画眉一，禽颇驯，黠解人语。是夜一家熟睡，禽忽踯躅雕笼中，鸣呼不辍。闻者以为遭猫搏噬，起视之。盗望见，惊惧，急走出，遗其一囊。黄亦觉，遣仆追蹑，已失之矣。

虫天志

雅趣小书

原文

卷三

斗橐驼

○原始

《尔雅翼》曰：驼背有两峰如鞍，其足三节，色苍褐。凡欲脊载，辄先屈足受之。所载未尽量，终不起。

《明皇杂录》曰：交趾进龙脑香，波斯言老龙脑，妃私发明驼使[1]持三枚遗安禄山。

又曰：天宝中，承平岁久，自开远门至蕃界一万二千里，居人满野，桑麻如织。哥舒翰镇青海，路远，遣使常乘白骆驼奏事，日驰五百里。

《冀越集》曰：驼涉沙漠，虽历年余，能记其所涉之途。大元后宫有丧，葬沙漠，不封不树，以

【注释】

① 明驼使：唐代制度，驿站设有明驼使，非边塞军机大事，不得擅自发出。明驼：善走的骆驼。

万马平其地。春草生，虽守卫者莫知原葬。时例杀一驼驹登墓，驼母叫号不已。下年墓祭，乘驼往，彼直至其所。兼地高少水，驼以前足蹙[①]沙长号，掘之即有泉出。兽之禀性各有能也。

陈继儒《书蕉》曰：《木兰词》“愿借明驼千里足，送儿还故乡”，或改“明”作“鸣”，谬也。按，驼卧，腹不帖[②]地，屈足漏明，则走千里，故曰“明驼”。唐制，驿有驼使，非边塞军机不得擅发。

【注释】

① 蹙：通“蹴”，踢，踏。

② 帖：贴，紧挨。

○叙事

《东观汉记》曰：河西太守窦融遣使献橐驼，南单于上书献橐驼。单于岁于龙祠[①]走马、斗橐驼，以为乐事。

《白孔六帖》曰：西域龟兹岁朔斗橐驼七日，观胜负以卜岁盈虚。

【注释】

① 龙祠：古代匈奴单于大会龙城，祭祀天地鬼神。

斗羊

○原始

黄省曾《兽经》曰：羱羊[①]善斗。《尔雅》曰：羱如羊。郭璞注曰：羱羊似吴羊[②]而大角，角椭，出西方。晋吕忱《字林》曰：野羊，有角者也。宋陆佃《埤雅》曰：善斗至死。《广志》曰：羱羊，角重于肉。《鹖林子》曰：凡新羊入群，为群羊所触，不相亲，附火烧其尾则定。夫羊，义兽也，见猛虎不避，群羊争死，乃触新附者，何耶？不轻合耳。惟不轻合，故能相许以死。

《白孔六帖》曰：西舍利凡曲名十有二。五曰《斗羊胜》，骠云《来乃》。昔有人见二羊斗海岸，强者则见，弱者入山，时人谓之“来乃”。来乃者，胜势也。

【注释】

① 羱（yuán）羊：一种大角羊，也称“北山羊”。

② 吴羊：白绵羊，也称生在江南的羊。

○叙事

《唐书·张说传》曰：王君奂破吐蕃于青海西，说策其且败，因上《进巂州斗羊表》于帝，以申讽谕，帝识其意，纳之，赐采千匹。

○表

张说《进巂州斗羊表》曰：臣某言，臣闻勇士冠鸡[①]，武夫戴鹖[②]，推情举类，获此斗羊。远生越巂，蓄情刚决，敌不避强，战不顾死，虽为微物，志不可挫。伏惟陛下选良家于六郡，求猛士于四方，鸟无遁材，兽不藏伎。如蒙效奇灵囿[③]，角力天场，却鼓怒以作气，前踯躅以奋击。趹[④]若奔云之交触，碎如转石之相叩，裂骨赌胜，溅血争雄，敢毅见而

【注释】

① 冠鸡：戴公鸡形状的帽子，表示好勇。

② 戴鹖（hé）：戴鹖冠，鹖好斗，古时武士都戴鹖冠，以示勇猛。

③ 灵囿：泛指帝王畜养动物的园林。

④ 趹（jué）：马疾奔的样子。

冲冠，鸷狠闻而击节。冀将少助明主市骏骨①、揖怒蛙②之意也。若使羊能言，必将曰："苦斗不解，立有死者，所赖至仁无残，量力取劝焉。"臣缘损足，未堪履地，谨遣男、驸马都尉垍谨诣金阙门陈进。轻冒宸严，伏深战越。

【注释】

① 市骏骨：古代有个君王花重金购买千里马的骨头，不到一年就得到了好几匹千里马。比喻重视人才。

② 揖怒蛙：勾践将要讨伐吴国，担心将士不尽全力，一日看见路旁有蛙鼓腹而怒，有"战争之气"，就向蛙作揖。勇士听说此事，纷纷投奔越国，因而消灭了吴国。

斗牛

○原始

《说文》曰：天地之数，起于牵牛。

《述异记》曰：周成王时，东夷送六角牛。

《异物志》曰：九真狸牛，乃生溪上。狸时时怒，共斗，即海沸涌。或出斗岸上，家牛皆怖。人或遮捕，即霹雳，号曰“神牛”。

《酉阳杂俎》曰：勾漏县大江中有潜牛，形似水牛。每上岸斗，角软还入江水，角坚复出。

○叙事

《酉阳杂俎》曰：龟兹国，元日斗牛马驼为戏，七日观胜负，以占一年羊马减耗繁息也。

宋祈《辛谠传》曰：谠之少，耕于野。有牛斗，众畏奔践，谠直前，两持其角，牛不能动，久而引触，竟折其角。里人骇异，屠牛以饭谠。

《东坡志林》曰：蜀中有杜处士，好书画，所宝以百数。有戴嵩《牛》一轴，尤所爱，锦囊玉轴。一日曝书画，有一牧童见之，拊掌大笑曰："此画斗牛也，牛斗力在角，尾搐入两股间。今乃掉尾而斗，谬矣！"处士笑而然之。古语云："耕当问奴，织当问婢。"不可改也。

叶梦得《避暑录话》曰：《晋史》言王逸少性爱鹅，世皆然之。人之好尚，固各有所僻，未易以一概论。如崔铉喜看水牛斗之类，此有何好？然而亦必与性相近类。

斗刺猬

○原始

《尔雅》曰：汇毛刺。邢丙《疏》曰，汇即蝟也，其毛如针。《埤雅》曰：蝟状侣鼠，性极狞钝[①]。物小犯近，则毛刺攒起如矢，见鹊便仰腹受啄，其矢辄烂。《淮南子》曰：鹊矢[②]中蝟，此理之不可推也，是谓钝而毙。

蝟状如鼠而大，棘端分两岐者曰蝟，如棘针者曰蟓，性极畏鹊，能制虎，其胆甘。

《续博物志》曰：蝟能跳入虎耳中。

【注释】

① 狞钝：凶恶，顽钝。

② 矢：同“屎”，粪便。

○叙事

李绰《尚书故实》曰：京国顷岁街陌中，有聚观戏场[①]者。询之，乃云："二刺猬对打，既合节奏，又中章程。"时座中有前将作李少监韫，亦云曾见。

【注释】

① 戏场：表演杂技、戏曲的场所。

斗蟋蟀

○原始

《尔雅》曰：螒，天鸡。樊光曰：小虫，黑身赤头。李巡曰：一名酸鸡。郭璞曰：一名莎鸡，一名樗鸡。

《方言》曰：蛀孙。

《尔雅翼》曰：蟋蟀有生野中及生人家者，好吟于土石甎甓[1]之下，尤好斗，胜辄矜鸣，其声如急织，故幽州谓之促织。

王逵《蠡海集》曰：蝉近阳，依于木，以阴而为声，蝉则腹板鸣。蛩近阴，依于土，以阳而为声，蛩则背翅鸣。蝉阳，性和，此息而彼作。蛩阴，性妒，相遇必争斗。

【注释】

① 甎甓（zhuān pì）：砖。

○叙事

《开天遗事》曰：蟋蟀，每至秋时，宫中妃妾辈皆以小金笼捉蟋蟀闭于笼中，置之枕函①畔，夜听其声。庶民之家皆效之也。

《宋史》曰：贾似道日坐葛岭，起楼阁亭榭，取宫人娼尼有美色者为妾，日淫乐其中。惟故博徒日至纵博，人无敢窥其第者。尝与群妾踞地斗蟋蟀，所狎客入戏之曰："此军国重事耶？"

贾似道《促织歌》曰：新虫调理要相当，残暑盆窝须近凉。渐到秋深畏风冷，不宜频浴恐防伤。养时盆罐须宽阔，下食依时要审详。水食调匀蛩必旺，看时切莫对阳光。水时并尽方堪斗，不可伤饥患饱忙。盆内土须蚯蚓粪，相宜盖为按阴阳。如此宿虫无妒色，仍将宿水换新浆。假如草叶供虫啮，齿软仍知牙更僵。过笼②窝罐安排固，行动提携总

【注释】

① 枕函：中间可以藏物的枕头。

② 过笼：用来转移蟋蟀的小笼子。

不妨。酒后切忌将来看，壮气冲伤走跳狂。误放橘橙克食物，食之虫腹反为殃。安顿必须清净处，油烟熏损不刚强。过期未斗频频看，仍复收拾用意藏。倘或打食[1]口齿谩[2]，必须医损按前方。不察强弱当场斗，必是遭输笑不良。盖盆谨慎休留隙，免使奔逃意下慌。看取调养依斯谱，虫体无伤齿更刚。堪怜一种清幽物，岁岁三秋声韵长。

袁宏道《瓶花斋集》曰：京师人至七八月，家家皆养促织。余每至郊野，见健夫小儿群聚草间，侧耳往来，面貌兀兀[3]，若有所失者。至于溷厕污垣之中，一闻其声，踊身疾趋，如馋猫见鼠。瓦盆泥罐遍市井皆是，不论老幼男女，皆引斗以为乐。尝观贾秋壑《促织经》，其略谓，虫生于草土者，

【注释】

① 打食：到窝外寻找食物。

② 谩：通“慢”，缓慢。

③ 兀兀：痴呆的样子。

其身软；生于砖石者，其体刚；生于浅草瘠土[1]、砖石深坑、向阳之地者，其性劣。其色白不如黑，黑不如赤，赤不如黄，黄不如青。白麻头，青项，金翅，金银丝额，上也；黄麻头，次也；紫金黑色，又其次也。其形以头项肥、脚腿长、身背阔者为上，头尖项紧、脚瘦、腿薄者为下。虫病有四：一仰头，二卷须，三练牙，四踢腿。若犯其一，皆不可用。其名色有白牙、青拖、肚黄、红头、紫狗、蝇黄、锦蓑衣、肉锄头、金束带、齐膂翅、梅花翅、琵琶翅、青金翅、紫金翅、乌头金翅、油纸灯、三段锦、红铃月、额头香、色膌铃之类，甚多，不可尽载。养法用鳜鱼、茭肉、芦根虫、断节虫、扁担虫、煮熟栗子、黄米饭。医治之法，嚼牙喂带血蚊虫，内

【注释】

① 瘠土：不肥沃的土地。

热用豆芽尖叶，落胎粪结用虾婆，头昏川芎茶浴，咬伤用童便、蚯蚓粪调和，点其疮口。凡促织之态貌情性，纤悉必具。嗟乎，一虫之微妙曲折如此。由此推之，虽虮虱蠛蠓，吾知其情状与人不殊矣。

王稚登《虎苑》曰：吴俗好斗蟋蟀，用黄金花马为注。里人张生为之屡负，祷于玄坛①。玄坛，张所素奉。夜梦神云："遣吾虎助尔，在北寺门下。"张觉，往寻之，获黑蟋蟀甚大，每斗辄胜，获利甚丰，久之乃死。

陈继儒《妮古录》曰：宣庙时，镃器及蟋蟀澄泥盆最为精绝。两宫火，藏金流入铜中，镕而为垆，故后世伪造者迥不能及。

潘之恒《亘史》曰：今燕都上元食黄瓜、赏牡丹、斗蟋蟀，皆取诸地圹②中火炙，真足夺造化之权。然其本必坏物，亦早毙。

【注释】

① 玄坛：道观，道坛。

② 圹：墓穴。

周晖《金陵琐事》曰：促织，独金陵者斗，谓之秋兴。斗之有场，盛之有器，掌之有人，必大小相配，两家方赌，傍猜者甚多，此其大略也。马南溟有《斗促织赋》。

王临亨《粤剑编》曰：广城多砌蠔[1]壳为墙垣，园亭间用之亦颇雅。蟋蟀三月间已满砌长鸣矣，广城人至六七月间，亦多取以斗戏，赌金钱。

《促织经》曰：先比头，次比腿，再比浑身无后悔。颜色两停[2]方可相合。《斗经》：三二十口者，可歇六七日。百口赢者不为奇，一口赢者胜百口，用力反倍，尤当调息。有斗口者，有斗间者。斗间者改为斗口，必来虫之弱。斗口者改为斗间，必来虫之狠。

【注释】

① 蠔：又作“蚝”，牡蛎。

② 停：均等，相当。

斗蝇虎

○原始

崔豹《古今注》曰：蝇虎，蝇狐也，形似蜘蛛而色灰白，善捕蝇。一名蝇蝗，一名蝇豹（一作“豹子”）。

○叙事

《酉阳杂俎》曰：于頔在襄州，尝有山人王固谒见于。于性快，见其拜伏迟缓，不甚知书。生别日游谯，不复得进。王殊怏怏[1]，因至使院造判官曾叔政，颇礼接之。王谓曾曰："予以相公好奇，故不远而来，今实乖望[2]矣。予有一艺，自古无者。今将归，且荷公见待之厚，今为一设。"遂诣曾所居，怀中出竹一节及小鼓，规才运寸[3]。良久，去竹之塞，折枝连击鼓子。筒中有蝇虎子数十，行而出，分为二队，如对阵势。每击鼓，或三或五，随鼓音变阵，天衡地轴，鱼丽鹤列，无不备也。进退离附，人所不及。凡变阵数十，乃行入筒中，曾观之大骇，方言于于公，王已潜去。于悔恨，令物色求之，不获。

【注释】

① 怏怏：不服气、失落或闷闷不乐的神情。

② 乖望：失望。

③ 运寸：指直径一寸。

《杜阳杂编》曰：飞龙卫士韩志和，本倭国人也。善雕木作鸾鹤鸦鹊之状，饮啄动静，与真无异。以关戾[1]置于腹内，发之则凌云奋飞，可高百尺，至一二百步外方始却下。兼刻木作猫儿以捕雀鼠。飞龙使异其机巧，遂以事奏，上睹而悦之。志和更雕踏床[2]，高数尺，其上饰之以金银彩绘，谓之见龙床。置之则不见龙形，踏之则鳞鬣爪牙俱出。及始进，上以足履之，而龙夭矫[3]若得云雨，上怖畏，遂令撤去。志和伏于上前曰：“臣愚昧，致有惊忤圣躬。臣愿别进薄伎稍娱至尊耳目，以赎死罪。”上笑曰：“所解伎何？试为我作之。”志和遂于怀中将出一桐木合子，方数寸，中有物名蝇虎子，数

【注释】

① 关戾：能转动的机械装置。

② 踏床：坐时搁脚的小几，俗称脚踏子。

③ 夭矫：屈伸的样子。

不啻一二百焉，其形皆赤。云以丹砂啖之故也。乃分为五队，令舞《凉州》。上令召乐以举其曲，而虎子盘回宛转无不中节。每遇致词处，则隐隐如蝇声。及曲终，累累[1]而退，若有尊卑等级。志和臂虎子，令于上前猎蝇，于数步之内，如鹞捕雀，罕有不获者。上嘉其小有可观，即赐以杂彩银碗。志和出宫门，悉转施于他人。不逾年，竟不知志和之所在。

【注释】

① 累累：行列分明的样子。

斗蚁

○原始

《大戴礼》曰：十二月，玄驹贲。玄驹者，蚁也。贲者，走于地下也。

《抱朴子》曰：蚁有兼弱之知。

《广志》曰：有飞蚁，有木蚁，又有黑黄大小数种。

《埤雅》曰：蚁有君臣之义，故字从义。喜群斗，斗辄酣战不解，有行五[1]队列。元徽之曰：巴蚁众而善敌。

《齐丘子》曰：蝼蚁之有君也，一拳之宫，与众处之；一块之台，与众临之；一粒之食，与众蓄之；一虫之内，与众咂之；一罪无疑，与众戮之。

《酉阳杂俎》曰：秦中多巨黑蚁，好斗，俗呼为马蚁。次有色窃赤者。细蚁中有黑者，迟钝，力

【注释】

① 行五：即行伍，古代军队编制五人为伍，二十五人为行。

举等身铁。有窃黄者，最有兼弱之智。成式儿戏时，尝以棘刺标[1]蝇，置其来路，此蚁触之而返，或去穴一尺，或数寸，才入穴中者如索而出，疑有声而相召也。其行每六七有大首者间之，整若队伍。至徙蝇时，大首者或翼或殿，如备异蚁状也。元和中，假居在长兴里。庭有一穴蚁，形状大如次窃赤者，而色正黑，腰节微赤，首锐足高，走最轻迅。每生致蠖及小鱼（一曰“虫”）入穴，辄坏埋穴，盖防其逸也。自后徙居数处，更不复见此。山人程宗义（一曰“文”）云：“程执恭在易定，野中蚁楼[2]高三尺余。”

《夷坚志》曰：淳熙元年，浙江石岸颓圮数百丈，坏居民甚多。诏殿前（步军）转运司、临安府修筑，工役迫急，畚臿不停朝暮。殿司偏校汤公辅取土于

【注释】

① 标：通“摽”，扎。

② 蚁楼：蚂蚁做窝时堆在洞口的重叠如楼的土。

播马岭。正搬运之际，土忽陷，其下正空，有蚁穴焉，广几半亩，众蚁数斛，皆赤腰，与常异。一最大者可数寸，中间宫室楼阁，花木池台，行列可爱。又有小桥，长二三尺，两旁细草蔚然①。公辅取数亭献于转运司判官吕播，细视之，皆叠土抟成，其椽瓦窗牖如斲削然，即命掩覆之，而徙工徒于他处。亭至今藏吕家。乃知唐人记南柯太守事，虽为寓言，亦固有之也。

【注释】

① 蔚然：草木茂密的样子。

○叙事

孟元老《梦华录》曰：正月十五日元宵，大内前自岁前冬至后，开封府绞缚山棚①，立木正对宣德楼。游人已集御街，两廊下奇术异能，歌舞百戏，鳞鳞相切，乐声嘈杂十余里。击丸蹴踘，踏索上竿。赵野人倒喫冷淘，张九哥吞铁剑，李外宁药法傀儡，小健儿吐五色水、旋浇泥丸子，大特落灰药，榾柮儿杂剧，温大头、小曹嵇琴，党千箫管，孙四烧炼药方，王十二作剧术，邹遇、田地广杂扮，苏十、孟宣筑毬，尹常卖五代史，刘百禽虫蚁，杨文秀鼓笛。更有猴呈百戏，鱼跳刀门，使唤蜂蝶，追呼蝼蚁。

袁达德《禽虫述》曰：蚁可使战，食教之也。

【注释】

① 山棚：为庆祝节日搭建的彩棚，形状就像山高耸的样子，所以叫山棚。

田汝成《西湖志余》曰：余近见杭州禽戏，有曰蚂蚁角武者，其法练细蚁黄、黑二种，各有大者为之将领，插旗为号，一鼓对垒，再鼓交战，三鼓分兵，四鼓偃旗归穴矣。

袁宏道《瓶花斋集》曰：尝过西山，见儿童取松间大蚁，剪去头上双须，彼此斗咬，至死不休。问之，则曰："蚁以须为眼，凡行动之时，先以须左右审视，然后疾趋。一抉其须，即不能行。既愤不见，因以死斗。"试之良然。余谓蚁以须视，古未前闻，且蚁未尝无目，必待须而行，亦异事也。识之以俟博物者。

斗蛛

○原始

《诗》曰：蟏蛸在户。

《尔雅》曰：蟏蛸，长踦。注：小蜘蛛，长脚者俗呼为喜子。陆机《疏》云：一名长脚荆州，河内人谓之喜母，此虫来著人衣，当有亲客至，有喜也。幽州人谓之亲客。

陶隐居曰：蜘蛛类数十种，《尔雅》止载七八种。

○叙事

袁宏道《瓶花斋集》曰：斗蛛之法，古未闻有，余友龚散木创为此戏。散木少与余同馆，每春和时，觅小蛛脚稍长者，人各数枚，养之窗间，较胜负为乐。蛛多在壁阴及案板下，网止数经无纬。捕之勿急，急则怯，一怯即终身不能斗。宜雌不宜雄，雄遇敌则走，足短而腹薄，辨之极易。养之之法，先取别蛛子未出者，粘窗间纸上，雌蛛见之，认为己子，爱护甚至。见他蛛来，以为夺己，极力御之。惟腹中有子及已出子者不宜用。登场之时，初以足相搏；数交之后，猛气愈厉，怒爪狞狞，不复见身。胜者以丝缚敌，至死方止。亦有怯弱中道败走者，有势均力敌数交即罢者。

散木皆能先机决其胜败，捕捉之时，即云某善斗，某不善斗，某与某相当，后皆如其言。其色黧者为上，灰者为次，杂色为下。名目亦多，曰玄虎、鹰爪、玳瑁肚、黑张经、夜叉头、喜娘、小铁嘴，各因其形似以为字。饲之以蝇及大蚁，凡饥、饱、喜、嗔，皆洞悉其情状，其事琐屑，不能悉载。散木甚聪慧，能诗，人间技巧事，一见而知之，然学业亦因之废。

斗鱼

○原始

《尔雅》曰：鱼枕[①]谓之丁，鱼肠谓之乙，鱼尾谓之丙。

《礼记》曰：鱼去乙。

《左传》曰：原繁、高渠弥以中军奉公，为鱼丽之阵。先偏后伍[②]，伍承弥缝，战于濡葛。

杜光庭《录异记》曰：南海中有山，高数千尺，两山相去十余里。有巨鱼相斗，鬐鬣[③]挂山，半山为之摧折。

【注释】

① 鱼枕：鱼头骨，鱼枕骨。

② 偏、伍：古代战车以二十五乘为偏，步兵五人为伍。

③ 鬐鬣：鱼、龙的脊鳍。

○叙事

张世南《游宦纪闻》曰：三山溪中产小鱼，班纹赤黑相间。里中儿豢之，角胜负为博戏[①]。昔有斗禽，未见有斗鱼，亦可观也。闻永嘉亦有之。

宋濂《潜溪集》云：予客建业，见有畜波斯鱼者，俗讹为师婆鱼。其大如指，鬐鬣具五采。两腮有小点如黛（闽人呼为花鱼），性矫悍善斗。人以二缶畜之，折藕叶覆水面，饲以蚓若蝇及蚊，伺鱼吐泡叶畔。知其勇可用，乃贮水大缶，合之。各扬鬐鬣，相鼓视，怒气所乘，体拳曲如弓，鳞甲变黑。久之，忽作秋隼击水，泙然鸣，溅珠上人衣。连数合，复分。当合，如矢激弦绝[②]不可遏。已而相纠缠，盘旋弗解。其或负，则胜者奋威逐之。负者惧，自掷缶外，视其身纯白云。予闻有血气者，必有争心。然则斯

【注释】

① 博戏：赌输赢、角胜负的游戏。

② 矢激弦绝：矢受阻则飞更远，弦绝意味着用力大。激：受阻遏。

鱼者，其亦有争心否欤？抑冥顽不灵而至于是欤？哀哉！然予所哀者，岂独鱼也欤？

潘之恒《亘史》曰：寒山赵凡夫语予，闽人有赠渠斗鱼六尾者，质玄而文班然①，时当秋末，不斗，寻且毙矣。蟋蟀善斗，亦以时鸣。物固不能违时，信哉！

又《亘史》曰：闽人洪仲韦、林敬甫、陈皋父，乙巳夏过余，庚阜从曳闽游，言闽中此时携娈童坐榕树下，啖荔支观斗鱼，足以忘暑。余笑曰："鱼果以夏斗耶？"三君曰："然。惟夏鼓气，秋则靡矣。其劲而骁者，张鬣掉尾，一击或令抉目溃腹而死。异哉！"时汪二鲁在座，应之曰："金陵春月，有可敌此者。"余曰："如何？"二鲁曰："携妖妓坐新桠下，啜岭茶听黄鸟嘤鸣。"余笑曰："宜仲韦之不归也。"

【注释】

① 班然：色彩斑斓的样子。班，通"斑"。